공자,
인간의 도리를 말하다

공자,
인간의 도리를 말하다

초판 1쇄 인쇄 | 2025년 1월 13일
초판 1쇄 발행 | 2025년 1월 20일

지은이 이성주
그린이 신병근
책임편집 손성실
편집 조성우
디자인 권월화
펴낸곳 생각비행
등록일 2010년 3월 29일 | 등록번호 제2010-000092호
주소 서울시 마포구 월드컵북로 132, 402호
전화 02) 3141-0485
팩스 02) 3141-0486
이메일 ideas0419@hanmail.net
블로그 ideas0419.com

표지 이미지 요소 Freepik

고전으로 만나는
진짜 세상 3

이상적인 인간관계가 존재하나요?

공자, 인간의 도리를 말하다

공자,
《논어(論語)》

이성주 지음 ㅣ 신병근 그림

생각비행

우리에게
유교 문화란?

친하게 지내는 고등학교 선배 한 분의 가족은 설날과 추석 때 모이지 않는다고 한다. 주변의 다른 지인들이 명절 때만 되면 고속도로에 갇혀 거북이걸음으로 귀향하는 데 반해 이 선배는 여유 있게 등산을 하고 낚시를 즐긴다.

이유는 간단하다. 선배의 아버님이 돌아가셨기 때문이다. 오해할까 봐 밝히지만 선배는 지극한 효자였다. 돌아가신 아버님을 선산에 모신 선배는 가족들을 모아 놓고 선언했다. "우리 제사를 지내거나 명절에 특별히 모이지 맙시다."

선배는 어떤 '종교'에 심취해 있는 것이 아니고 조상에게 억하심정을 가진 것도 아니다. 그의 이유는 간단했다.

"이 고생을 왜 해야 하는 건데?"

선배가 보기에 제사나 명절은 돌아가신 분들을 기리고,

그걸 계기 삼아 떨어져 있던 가족들이 오랜만에 얼굴을 마주하는 시간이었다. 그렇다면 그렇게 하면 된다. 다만 일정을 조정하자는 것이다.

선배는 설날이나 추석 전주(前週)나 전전주(前前週)에 형제들을 불러 선산에 들렀다. 차례나 제사상도 간소하게 차렸다. 선배만의 가정의례준칙이랄까? 조카들이 좋아하는 피자를 시키고, 치킨과 맥주로 목을 축이면 그걸로 족하다는 거였다. 명절 제사상을 차려야 했던 여성들은 반색했고, 명절 때마다 차 안에서 시달려야 했던 선배의 형제들도 찬성하는 뜻을 피력했다.

"마음이 중요한 거 아냐? 가족끼리 얼굴 보고 아버지 추모하는 게 제사의 본질 아냐?" 이런 생각에 대해 주변에선 실용적인 생각이라며 손가락질을 했지만, 선배는 '장남'의 권위를 내세워 뒷말들을 무시했다.

"아버지도 우리가 고생하는 것보다는 즐겁게 지내는 걸 더 좋아하실 거야."

그렇게 선배네 집안은 명절 전에 모여서 다른 가족들이 하는 '행사'를 치렀고, 명절을 각 가족의 형편과 상황에 따라 알아서 잘 쇠었다. 이제 그게 전통이 됐다.

나는 명절을 앞두고 '제사'나 '조상'이란 단어가 나오면 마음이 불편하다. 처음에는 조상을 기리고 추모한다는 좋은 의도로 시작됐겠지만, 지금의 명절 예법은 누군가가 희생해야 하는 뒤틀린 형식만 남았다는 게 개인적인 생각이다. (물론 즐겁고 기쁜 마음으로 제사를 지내고 조상을 모시는 분도 많으리라고 본다.)

명절 이야기로 시작했지만 우리 사회의 각종 예법과 관련된 이야기를 펼치다 보면 결국 유교 문화에 관한 이야기를 빼놓을 수 없다. 그 한가운데에 '공자'가 등장한다. 고백하건대, 나는 공자를 싫어한다. 이건 공자의 잘못이 아니라 공자의 사상을 변질시킨 '누군가들' 때문이지만, 그 피해를 고스란히 떠안아야 했던 개인적인 경험 탓에 공자에 대해 호의적인 감정을 가질 수가 없다.

싫어하기 때문에 더 파고들었다고 해야 할까? 한국 땅에 태어나 살아가야 하기에 어쩔 수 없이 마주해야 하는 공자의 짙은 그림자. 그 그림자의 실체를 파악하기 위해 읽은 책이 바로 《논어》였다. 좀 불순한 의도로 읽었다고 해야 할까?

사실 한국 땅에 존재하는 유교 문화는 2600여 년 전 공자가 말한 본질과 동떨어져 있다. 어쩌다 유교가 이렇게 된 것일까? 이 책은 이런 의문에 대한 하나의 답을 찾는 과정으로 시작됐다. 한국, 더 나아가 동아시아 문화의 뿌리가 된 유교가 어떻게 만들어지고, 어떻게 변질됐는지에 대한 나만의 추적기로 봐도 좋다.

'고전으로 만나는 진짜 세상' 시리즈를 다듬어 새롭게 펴내는 작업을 하는 중에 12.3 비상계엄 상황이 벌어졌다. 당시 정치인에 대한 체포 명령이 하달된 것과 관련된 질문에 대해 여인형 국군방첩사령관이 "맞고 틀리고를 떠나서 위기 상황에 군인들은 명령을 따라야 한다고 강하게 생각한다"라고 대답하는 모습을 보고 경악을 금할 수 없었다.

이성적 판단을 배제하는 상명하복 문화가 군대 안에 아직도 뿌리박혀 있구나 싶어 걱정이 들었다. 하지만 시민과 국회의원들의 결의로 계엄이 해제되고, 얼마 지나지 않아 5만 명 규모의 시국선언을 통해 인권과 자유를 억압하는 윤석열에게 민주공화국의 대통령 자격이 없다고 분명히 밝히는 청소년들이 있다는 사실에 안도했다.

역사의 시곗바늘을 되돌리려 한 내란 세력에 맞서 이 땅의 민주주의를 수호한 이들과 함께, 인간의 도리를 바탕으로 이상적인 나라를 만들려 했던 공자의 진면목을, 대한민국의 미래를 생각하며 살펴보고 싶다.

— 대전에서

펜더

안녕? 난 '펜더'라는 별명이 익숙해. 다양한 매체에 글을 기고하고 강의도 하면서 즐겁게 살고 있어. 자유롭게 상상하기를 좋아하고 무엇보다 예술을 사랑하지. 덩치에 어울리지 않게 수줍음이 많은 편이야. 사람들과 대화하기를 좋아하지만, 뭐든 설명하려고 하는 버릇이 있어 가끔 눈총을 받기도 해. 여러분에게는 꼭 필요한 얘기만 할 테니 잘 들어 줘!

한아름

난 14살 중학생 한아름이라고 해. 호기심이 많아 뭐든 물어보기를 좋아하지. 책 읽기와 영화 보기가 주된 취미야. 하지만 친구들과 분식집에서 떡볶이 먹으며 수다 떠는 걸 더 좋아해. 장래에 뉴스를 진행하는 아나운서가 되는 게 꿈이야. 만나서 반가워!

장필독

한아름과 동갑내기 친구 장필독이야. 운동을 좋아하고 힙합을 특히 좋아하지. 학원 빼먹고 랩을 연습하다가 엄마한테 야단맞을 때도 가끔 있어. 하지만 스포츠 캐스터라는 어엿한 꿈이 있다고! 나중에 너희에게도 멋지게 경기 중계하는 모습을 보여 줄게.

나는 춘추(春秋)시대에 활동한 사상가야. 기원전 770년 주(周)나라 왕실이 낙읍(洛邑)으로 천도한 뒤부터 진(秦)나라 시황제(始皇帝)가 중국을 통일했을 때까지의 시기를 춘추전국시대(春秋戰國時代)라고 부르는데, 그 전반기 중 BC 6~5세기를 풍미했지. 춘추전국시대는 전쟁이 끊이지 않았고, 자고 일어나면 나라가 뒤바뀌는 잔혹한 세상이었어. 혼돈의 시대를 끝내겠다며 수많은 사상가가 뜻을 펼쳤는데, 이들을 제자백가(諸子百家)라고 불러. 나 또한 올바른 사회를 이루기 위해 인간 내면의 도덕성인 인(仁)의 회복을 강조하는 유학(儒學)의 기치를 올렸지. 나는 입으로만 학문을 떠드는 사람이 아니야. 덕이 있는 임금을 만나 현실 정치를 펼치고 싶었거든. 쉰다섯 살에 모국을 떠나 14년간이나 천하를 주유한 것도 그런 기회를 찾기 위한 여정이었어. 하지만 아쉽게도 뜻을 이루지 못하고 고향으로 돌아와 유가(儒家) 경전을 정리하고 제자를 양성하는 일로 만족해야 했지. 《논어(論語)》를 내가 썼다고 생각하는 이들이 있는데, 그렇지 않아. 내가 죽은 지 300년이나 지나 나온 책이니까 말이야. 이것만 봐도 내가 동아시아 문화에 지대한 영향을 끼쳤다는 걸 알 수 있겠지? 하지만 지금 한국의 유교 문화는 내가 이야기한 유학 사상과는 동떨어져 있어. 지배 체제를 떠받치는 목적으로 변질된 '절름발이 유교'를 내가 설파한 것으로 오해하지 않기를 바라. 늦은 감이 있지만 이제라도 《논어》를 읽고 내 뜻을 이해해 준다면 그보다 기쁜 일은 없을 거야.

공자

2장
《논어》의 가르침

1장
공자가
꿈꾼 세상

인간관계를 결정하는
요인이 있을까?

혹시 이런 말 들어 본 적 있어?

"부모님 말씀 잘 듣고, 동생이랑 싸우지 마. 그래야 효자 소리 듣지."
"반 친구들하고 사이좋게 지내야 한다."

어때? 흔히 들어 봤지? 뭐? 들어 본 적 없다고? 그럼, 이런 말은 들어 봤어?

"모난 돌이 정 맞는다."

어디선가 한 번쯤은 들어 봤을 거야. 여기서 질문 하나 할게.

"뭔가 좀 이상하지 않아?"

미국이나 유럽에서 만든 영화나 드라마를 보면, 가족 행

공자가 꿈꾼 세상

사가 있는데 자식들이 자기 일정이랑 겹친다며 못 가겠다고 하는 장면이 심심찮게 등장해. 부모님은 자녀들이 중요한 결정을 앞두고 있을 때 '조언' 정도만 할 뿐 딱 부러지게 매듭을 지어 주거나 하진 않아. 예를 들어 자녀가 대학교를 선택한다거나 직업을 찾을 때 말이야. 이들은 기본적으로 자식의 결정을 인정하는 편이야(그렇지 않은 부모도 물론 있겠지만).

동서양을 떠나 부모가 자식을 생각하는 '마음'은 똑같을 거야. 내 자식이 잘됐으면, 내 자식이 아프지 않았으면, 내 자식이 인생을 편하게 잘 살았으면 하는 게 부모 마음이야. 그런데 이들이 자식을 대하는 '태도'는 판이해. 우리나라 부모님들을 봐. 자식을 자신과 동일시하면서 그들의 인생에 일일이 관여하는 분들이 있지. 이른바 '헬리콥터 부모'라고, 자식이 성년이 된 이후 그러니까 대학교나 군대에 가고 취직한 이후에도 그들의 주위를 맴돌면서 인생을 '관리'하려는 부모도 있어.

우리나라가 심한 편이긴 한데 이는 동양과 서양의 주요한 차이점 중 하나라고 할 수 있어. 단순히 피부색의 차이가 아니야. 사람, 특히 자녀를 대하는 사고방식의 '뿌리'가 달라. 왜 이렇게 됐을까? 여러 가지 이유가 있겠지만(세상은 복잡다단해서 문제의 원인을 하나로 단정해서 말하긴 어려워. 특히나 이런 문제는), 유력하게 거론되는 주장이 하나 있어. 조금 의외일 수 있겠지만 바로 이거야.

"쌀밥."

'그게 대체 무슨 말이야?' 하고 황당하게 생각할 수도 있
겠지만 잘 들어 봐. 동양 사람들이 '쌀밥'을 먹고, 서양 사람
들이 '빵'을 먹기 때문에 서로 다른 인간관계가 형성됐다고
보는 관점이야. 좀 이해하기 어렵지? 이제부터 쉽게 설명해
볼게.

세계 4대 문명   혹시 수업 시간에 세계 4대 문명이란 말 들어 봤어? 인류
최초의 문명 발생지로 꼽히는 곳인데, 나일강변의 이집트
문명, 티그리스·유프라테스강 유역의 메소포타미아 문명,
인도의 인더스 문명, 중국 황하 유역의 황하 문명을 들 수 있
지. 이들 지역의 공통된 특징이라면, 큰 강을 옆에 끼고 있
고, 교통이 편리하고, 청동기 문명이 싹트고, 문자를 만들고,
도시국가를 이루었다 등등 다 교과서에 나오는 이야기야.

동서양의 인간관계 이야기를 하다 갑자기 고대 문명사로
빠진 것 같지? 조금만 참고 들어 봐. 여기서 주목해야 하는
건 메소포타미아 문명이야. 1947년 미국 시카고 대학의 브
레이드우드(Robert John Braidwood) 교수 조사팀이 북부 메소
포타미아의 자모르(Jamor)에서 최초의 농경 유적을 발견해.
이때 출토된 유물이 밀, 보리와 같은 맥류(麥類)였어. 그러니
까 지금의 이란, 이라크 지방에서 최초의 농경 문화가 시작

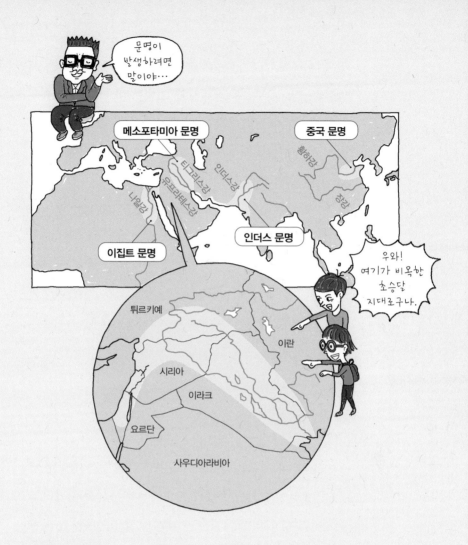

됐다는 얘기야.

　여기서 우리가 주목할 게 있는데, 이때 재배된 작물이 맥류라는 사실이야. 맥류는 전형적인 겨울철 작물로 가을에 씨를 뿌려 이듬해 초여름에 수확해. 맥류는 유럽, 그중에서도 콕 찍어서 '지중해 연안' 지역에 딱 맞아떨어지는 작물이었어. 이곳에서 늦가을이나 초겨울에 보리 씨를 뿌리면, 때 맞춰 겨울비가 부슬부슬 내리지. 보리는 이 비를 듬뿍 흡수해서 무럭무럭 자라게 돼. 농부는 다음 해 건조기가 시작되는 늦봄이나 초여름에 수확만 하면 돼. 여기서 기억해야 하는 건 '씨를 뿌린다'는 사실이야. 잘 알았지?

자, 이제 동양, 아니 우리나라를 한번 살펴볼까? 우리는 쌀, 그러니까 벼농사를 짓잖아? 벼농사 지을 때 중요한 게 뭘까? 그렇지. 모내기야. 모내기할 때 보면 논에 물을 가득 채워 두잖아? 혹시 '아전인수(我田引水)'라는 말 들어봤어? 자기에게만 이롭게 되도록 생각하거나 행동하는 걸 가리키는 말인데, 이 말을 한자 그대로 풀어 보면 무슨 뜻일까?

"제 논에 물대기."

논에 물 대는 게 어때서 아전인수가 나쁜 뜻을 지니게 됐을까? 예전엔 하늘에서 내리는 비에 의존하는 천수답(天水畓)뿐이었어. 그러니 제때 비가 내리지 않으면 농사를 망치는 일이 허다했을 거야. 이 때문에 남의 논에 있는 물을 몰래 빼 가는 일로 다투는 일이 비일비재했대. 생각해 봐. 온종일 일해서 논에 물을 채워 놓았는데 이웃 게으른 농부가 밤에 몰래 논둑을 터서 자기네 논에 물을 댄다면 기분이 어떨 것 같아?

공자가 꿈꾼 세상

아전인수라는 말은 논에 물 대는 게 얼마나 중요한지를 단적으로 보여 주는 사례야. 봄에 가뭄이 들면 논에 물을 댈 수 없고, 물이 없으면 모내기를 할 수 없으니 1년 농사를 망치게 돼. 벼농사를 짓는 사람들에게 논에 물을 대는 건 목숨이 걸린 중요한 일이었어. 오죽하면 나이 지긋한 어른들이 "자식 입에 음식 들어가는 모습이랑 내 논에 물 찬 모습만 보면, 밥 안 먹어도 배부르다"라는 말까지 했겠어?

벼농사를 하는 지역에서 중요한 게 바로 관개공사(灌漑工事)야. 한자를 그대로 풀어 보면, '농사에 필요한 물을 논밭에 대기 위해 벌이는 공사' 정도로 정리할 수 있을 거야. 벼농사를 지으려면, 물을 반드시 끌어와야 하는데 그러기 위해선 댐이나 보(洑, 제방)를 쌓거나 저수지를 만들어서 논까지 물길을 뚫어야 해. 이게 한두 사람의 힘으로 가능하겠어? 건설 장비가 발달한 요즘에도 쉽지 않은 일이야.

이명박 정권 때 시작한 4대강 사업 잘 알지? 수질 개선, 가뭄·홍수 예방 등을 기치로 내걸고 22조 2000억 원이라는 막대한 돈을 퍼부었지만, 어떻게 됐어? 해마다 4대강 유역에 녹조가 창궐했잖아? '녹조라테'라는 신조어까지 등장했을 정도야. 물을 다스린다는 건 그만큼 쉽지 않은 일이야. 그러니 이런 일을 국민의 뜻을 모으지 않고 한 사람의 고집과 독선으로 결정한 것 자체가 문제였다고 할 수 있지!

산해경

《산해경》은 산경(山經)과 해경(海經)으로 구성돼 있는 책이야. 간단히 말해서 중국 각지의 산과 바다에 나오는 풍물을 기록한 책이라 할 수 있지. 중국을 대표하는 신화집이자 지리서이기도 해. 여기서 주목해야 하는 점은 '신화(神話)'란 대목이야. 실제 역사라기보다는 '이야기'에 가깝다는 뜻이지. 중국을 대표하는 역사서인 《사기》의 저자인 사마천이 《산해경》을 믿을 수 없다고 말할 정도였으니, 말 다했지?

《산해경》에 나오는 기괴한 존재들

관개공사의 어려움은 옛이야기를 통해서도 알 수 있어. 중국 신화집 중에 《산해경(山海經)》이란 책이 있어. 여기에 곤우치수(鯀禹治水)라는 신화가 나오는데, "곤과 우가 물을 다스리다" 정도로 뜻을 풀어 볼 수 있어.

곤이란 사람이 홍수를 막기 위해 상제(上帝, 상 왕조의 신)가 가지고 있는 식양(息壤, 저절로 불어나는 흙)을 훔쳐 1000리에

공자가 꿈꾼 세상

달하는 제방을 쌓았대. 하지만 곧 들통이 나서 화가 난 상제는 곤을 죽였어. 이때 곤의 뱃속에서 우가 나와. 곤의 아들이지. 우는 아버지의 뜻을 이어받아 13년의 노력 끝에 결국 치수(治水, 물을 다스리다, 하천의 관개)에 성공하게 돼. 우는 이 공적으로 대우(大禹)로 칭송받게 돼. '위대한 우', '훌륭한 우'라는 칭송의 의미가 담긴 거야.

사마천이 쓴 《사기(史記)》를 보면, 홍수를 다스려 천하를 안정시킨 공을 인정받아 우는 순(舜)임금으로부터 왕위를 넘겨받아. 그렇게 해서 하나라를 세우게 된다는 이야기가 전해져. 좋게 보면 역사와 신화가 섞인 거고, 좀 나쁘게 말하면 한 편의 '소설'이라고 할 수 있지.

이 신화에 나오는 강이 뭘까? 바로 '황하(黃河)'야. 전장 5464킬로미터나 되는 이 엄청난 강은 중국에서는 장강(長江, 양쯔강) 다음으로 길고, 세계에서 다섯 번째로 큰 강이야. 황하 때문에 서해가 황해(黃海)가 되는 거야(누런 흙탕물이 바다로 계속 유입되기 때문이지).

세계 4대 문명의 발상지 중 하나인 황하는 홍수로도 유명해. 홍수가 나면 주변이 초토화되거든. 《서경(書經)》을 보면, 상나라가 다섯 번이나 천도했다고 나오는데 그 이유가 다 홍수 때문이야. 요즘도 중국에서 홍수가 나면 난리가 나지.

"아니, 그렇게 홍수가 심하면 이사 가면 되잖아?"

사마천(司馬遷)

서양 역사의 아버지가 헤로도토스라면, 동양 역사의 아버지를 사마천이라고 생각하면 돼. 그는 '뼈대 있는' 집안에서 태어났어. 아버지인 사마담이 한나라에서 천문, 달력, 기록을 맡아 처리하는 부서의 관료였거든. 사마담은 사마천에게 만들던 역사서를 완성해 달라는 부탁을 하고 죽었어. 사마천은 뜻을 잇기 위해 태사령의 자리에 올랐지.

그런데 문제가 생겼어. 한무제의 명을 받아 흉노를 정벌하러 갔던 이릉 장군이 패전하고 포로가 되고 말았거든. 다른 관료들은 그를 죽여야 한다고 했으나 사마천이 변호하고 나선 거야. (이릉은 사마천의 친구였어.) 화가 난 한무제는 사마천을 파직하고 죽이려 했고 사마천은 죽음과 궁형(宮刑, 생식기를 없애는 형벌) 중 궁형을 택하게 돼. 목숨을 부지한 사마천은 치욕을 감수하고 아버지의 뜻을 이루려 했어. 결국 사마천은 중국을 대표하는 역사서 《사기(史記)》를 후대에 남겼지. 당시 시대상을 한눈에 살펴볼 수 있도록 세계관, 정치, 경제, 사회제도 등을 잘 정리한 책이야. 사마천이 《사기》에 진시황릉을 조성한 이야기를 기록해 놓았는데 1974년 한 농부에 의해 병마용갱(兵馬俑坑)이 실제로 발견됐어. 그러니까 《사기》가 역사서로서 어느 정도 가치가 있는지 알 수 있겠지?

《사기》는 본기(本記) 12권, 서(書) 8권, 표(表) 10권, 세가(世家) 30권,
열전(列傳) 70권 등 총 130권에 달하는 역작이다.

공자가 꿈꾼 세상

황하의 본류 유역은 홍수로 거주가 불가능했으나 황하의 지류는 비옥해서 문명의 발생지가 됐다.

이렇게 의문을 가질 수 있겠는데, 사람 사는 게 그렇지도 않아. 황하가 세계 4대 문명의 발상지 중 하나라고 했던 걸 기억해 봐. 문명이 발생하기 위해 가장 중요한 게 뭘까? '식량 확보'야. 황하는 식량 확보의 핵심이었어. 홍수가 나면 상류의 흙이 쓸려 내려와 농토에 섞이는데, 이게 '비료' 역할을 하기 때문이야. 쉽게 말해 자연이 주는 천연 거름이라고나 할까? 이 때문에 사람들은 황하 주변을 벗어날 수 없었던 거야.

문명이 발생하기 위한 조건

중국 사람들은 농사를 짓기 위해 강과 사투를 벌여야 했어(이건 벼농사를 하는 나라라면 똑같이 겪는 일이기도 해). 오죽하면 '다스리다, 통치하다'라는 뜻의 한자로 '치(治)' 자가 생겼을까? '정치(政治)'나 '통치(統治)'라는 단어에 쓰이는 한자가 바로 다스릴 '치(治)'야. 이 한자는 물 수(水)와 기쁠 이(以+口)로 풀이할 수 있어. 홍수를 다스려 기쁘다는 의미가 담겨 있지. 이처럼 옛날엔 물을 다스리는 게 세상을 다스리는 것과 마찬가지였어.

벼농사가 인간관계에 어떤 영향을 끼칠까?

벼농사를 위해 인력이 무지막지하게 동원되는 관개공사가 필수적이라는 의미를 이젠 잘 알겠지? 사람들이 힘을 합쳐서 일하려면 뭐가 필요할까?

"이건 내가 일하는 방식이랑 다른데? 난 하고 싶지 않아!"

이렇게 개인적인 생각을 앞세우면 곤란하겠지? 옛날에 다 같이 힘을 모아 제방을 쌓고 농사를 지으려면, 불편한 감정은 일단 누르고 집단에 섞여 들어갈 수밖에 없지 않았겠어?

고전으로 만나는 진짜 세상 시리즈 도서 1권 《국가》, 2권 《니코마코스 윤리학》의 배경이 되는 고대 그리스에서는 '개인의 자율성'을 중요하게 생각했다고 한 것 기억나?

소크라테스는 '**캐묻지 않는 삶은**

살 가치가 없다!'라고 설파했잖아. 아리스토텔레스는 또 어 땠는데? '우리 인생의 목표는 행복해지는 거다!'라고 강조했 잖아! 이런 사고를 동양의 고대에 적용하면 어떨까? 온 동네 사람들이 동원되어 제방을 쌓는 중이야. 이때 누군가가 옆 에 있는 사람을 붙잡고 이렇게 얘기한다고 생각해 봐.

"캐묻지 않는 삶은 살 가치가 없어!"
"그런데?"
"지금 우리가 공사를 해야 하는 이유가 뭐야?"
"홍수를 막기 위해서잖아. 모내기 안 할 거야?"
"그게 행복해?"
"아니, 이 양반, 대체 뭔 소릴 하는 거야?"

어때? 다 같이 힘을 써야 하는 일을 앞두고 딴지를 거

는 사람으로 취급받기 쉬울 거야. 욕이나 먹지 않으면 다행이겠지. 고대 그리스 사람들은 '개인의 자율성'을 중요하게 생각했어. 사람들 붙잡고 토론하고, 자기주장을 내세웠잖아. 이게 서양의 기본 사고체계가 됐지. 반면 동양은 '조화로운 인간관계'를 중시했어. 관개공사를 하려면 주변 사람들과의 협동이 중요했기에 튀는 행동을 삼가려고 노력한 거야. 이러한 차이가 동서양의 문화, 사상, 사고체계에 그대로 스며들게 돼.

동서양 사고의 차이　서양 사람들은 개개인을 '독립적인 존재'로 봤지만, 동양 사람들은 '특정 집단에 소속된 구성원'으로 자신을 규정했어. 이러다 보니 사회나 주변 환경을 바라보는 시선도 달랐지. 단적인 예가 '논쟁(論爭)'이야. 의견이 다른 사람들끼리 서로 자신의 논리를 주장하며 싸우는 것, 쉽게 말해 토론이야. 서양에서는 이게 지극히 당연한 문화잖아? 고대 그리스 아테네 사람들을 생각해 봐. 그들은 밥 먹고 하는 일이 토론이었잖아(고대 그리스의 시민을 오늘날의 시민으로 단순하게 생각하면 안 되긴 하지만 말이야). 그런데 동양 사람들은 어떨까? 논쟁 자체를 회피하려 하잖아? 원만한 인간관계를 위해서는 토론이나 말싸움 같은 걸 하면 안 되는 거라고 생각하곤 해.

밀이나 보리농사를 지었던 서양에서는 혼자서 농사를 감당할 수 있기 때문에 개인의 자율성이 사고체계의 근본이 된 반면 벼농사를 지어야 했던 동양에서는 협동해야 하기

공자가 꿈꾼 세상

때문에 사람들과의 '관계'를 중요하게 여겼어. 그래서 **'조화로운 인간관계'**가 삶의 기본 사고체계가 된 거야. 밀농사가 개인주의를, 벼농사가 집단주의를 만들었다는 주장은 바로 이런 점을 설명하는 거야. 어때? 신기하지?

재배한 작물의 차이 때문에 서양은 개인주의, 동양은 집단주의가 됐다고 보는 것은 너무 단순한 일반화라고 반박하는 주장도 있어. 중요한 지적이야. 동서양의 구분을 떠나 인간이란 존재는 집단을 이뤄야만 살아갈 수 있다는 입장에서 생각해 봐. 인간은 본디 사회적 동물이잖아. 그런 인간이 혼자서 생활할 수 있게 된 건 20세기 들어서야 가능했고, 서양에서 개인주의가 일반인들에게 보편화된 건 '68혁명'이 있고 나서부터라는 주장도 있어.

재배하는 작물의 차이가 인간관계에 영향을 줄까?

그런데 21세기 현재를 살아가는 동양 사람 사이에서도 벼농사를 짓는 지역의 사람들과 밀농사를 짓는 지역의 사람들의 '개인주의 성향'이 다르게 나타난다고 보는 분석 또한 존재해. 중국 장강 남북 6개 지역의 중국 대학생 1162명을 대상으로 설문조사를 했는데, '자신과 동료를 원으로 표시해 연결한 사회 관계도를 그려 달라'는 요청에 대해 밀농사를 주로 짓는 북부 지역 학생들은 동료보다 자신의 원을 더 크게 그린 반면 벼농사를 주로 짓는 남부 지역 학생들은 자신을 동료보다 더 작은 동그라미로 표현했어. 미국과 일본을

68혁명의 흔적으로 남은 벽 위의 포스터. 1968년 7월 파리의 모습

68혁명

1968년 5월 프랑스에서 일어난 '저항운동'과 '총파업'으로, 이전의 정치 체제와 도덕관습을 거부한 운동이라고 설명할 수 있어. 당시 프랑스를 이끌고 있던 샤를 드골 정부의 권위적인 모습과 당시 사회 가치에 대한 불만이 폭발한 거야. "금지함을 금지하라!"라는 캐치프레이즈만 봐도 알 만하지? 당시 시대 분위기도 68혁명이 일어나는 데 한몫했어. 베트남전쟁 상황이 TV로 생중계됐고, 이걸 본 대학생들이 전쟁 반대를 외쳤거든. 이런 흐름이 전 세계적으로 확산된 거야. 프랑스뿐만 아니라 미국, 서독, 일본 등등 각국으로 퍼져 나가 사회를 들 끓게 했지. 프랑스에서는 68혁명의 결과로 드골 대통령이 물러나게 됐고, 대학 평준화가 이뤄졌어. 유럽 기독교가 위축되는 시발점이 된 게 68혁명이기도 해. 당시 젊은이의 상당 수가 종교적이고 경건한 삶을 거부하면서 종교 인구가 급감했거든. 68혁명을 제대로 설명 하려면 책 한 권으로도 부족할 거야. 일단 사회의 지배 이념에 대한 젊은이들의 '항거'라는 점에 의의가 있다는 정도로 이해하고 넘어가기로 할까?

공자가 꿈꾼 세상

비교한 결과도 비슷했어. 밀농사를 주로 짓는 미국의 경우 주변 동료를 표현한 원보다 자기를 표현하는 원을 훨씬 더 크게 그린 반면 벼농사를 주로 짓는 일본의 경우에는 자신을 더 작은 원으로 표현했지. '원'의 크기는 무의식적인 개인주의 혹은 자기중심주의의 척도라는 게 연구자들의 분석이야. 어때? 신기하지 않아?

지금까지 밀농사와 벼농사 이야기를 길게 꺼낸 건 사람들의 '관계'에 관한 이야기를 하기 위해서야. 서양철학과 동양철학의 사고체계에 근본부터 다른 점이 있다는 걸 알고 시작해야 한다는 의미야. 동양 사람들(특히나 유교 문화권)은 수많은 관계 속에서 마땅히 지켜야 하는 '의무'를 지니고 있는 '관계적 존재'야. 자식이기에 효도해야 하고, 학생이니까 선생님의 말씀을 들어야 하고, 국민이니까 국가에 충성해야 한다는 논리가 깔려 있지.

서양철학 vs. 동양철학

이러한 '관계'에 관한 사고체계. 그것을 철학으로 묶어 놓은 게 바로 '유교(儒敎)'야. 고(故) 신해철이 철학에 관해 정의 내린 말을 시리즈 1권 여는 말 제목으로 쓴 기억이 나.

"사람이 사는 방법을 어렵게 쓴 말"

지금 대한민국에서 살아가는 사람들의 생활방식, 문화,

사고방식은 알게 모르게 '유교'를 기반으로 움직이고 있어(많이 퇴색됐다고는 해도 말이야). 명절 때 제사 지내는 것만 봐도 느낌이 오잖아? 우리가 사는 법은 상당 부분 여전히 '유교 문화'에 맞춰져 있어.

우리의 삶에 지대한 영향을 끼치고 있는 유교 사상을 체계화한 사람이 공자(孔子)고, 그의 얘기를 후대에 제자들이 기록한 책이 바로《논어(論語)》야. 자, 그럼 공자의 삶과 사상을 알아보는 시간 여행을 시작해 볼까?

절망을 이겨내기 위한 몸부림

"천하대세 분구필합 합구필분(天下大勢 分久必合 合久必分)."

《삼국지연의》라는 소설 첫머리에 나오는 말이야. 우리에게는 《삼국지》로 더 잘 알려져 있지. 유비, 관우, 장비가 도원결의를 하고, 한나라를 부흥시키겠다고 덤벼드는 이야기, 읽어 보진 않았어도 한 번쯤 들어 봤을 거야. 그 첫머리 내용을 풀어 보면 "천하의 대세는 분열된 상태가 오래되면 반드시 통일될 것이요, 통일된 상태가 오래되면 반드시 분열할 것이다"라는 뜻이야.

춘추전국시대의 혼란을 진나라가 통일한 뒤 100년이 지나기 전에 다시 초나라와 한나라로 갈라져서 싸움이 일어나게 돼. 한나라 유방과 초나라 항우가 중국을 놓고 한바탕 전쟁을 벌였는데, 이게 바로 그 유명한 초한쟁패(楚漢爭覇)야. 이 전쟁에서 승리한 한나라는 이후 400년간 중국을 통치하게 되지.

그런데 이게 끝이 아니었어. 한나라의 국력이 쇠하자 실력과 야망을 가진 이들이 반란을 일으켰거든. 결국 위나라, 촉나라, 오나라로 나뉘어 중국이란 커다란 땅덩어리를 차지하려고 싸우게 돼. 《삼국지》를 보면 알겠지만, 중국의 역사는 끊임없는 통일과 분열의 반복이었어.

역사학자, 인류학자들은 "중국은 너무 과하게 통합돼 있고, 유럽은 너무 과하게 분열돼 있다"라는 말을 해. 이는 지리적인 영향이 크다고 볼 수 있는데, 강을 보면 이런 점을 잘 알 수 있지. 유럽을 관통하는 강들은 알프스에서 시작해서 바큇살처럼 사방으로 뻗어 있어. 이에 반해 엄청나게 큰 중국은 거대한 두 강, 바로 황하와 장강이 평행해서 가로지르

고 있지.

유럽은 지리적으로 분열된 구조이고, 중국은 지리적으로 통일된 구조라고 할 수 있어. 그런데 중국의 문제는 너무 과하게 통일된 탓에 여러 가지 과제를 내포하고 있다는 거야. 오늘날의 중국도 마찬가지지. 중국은 언뜻 보면 하나의 민족국가처럼 보이지만 실상은 '한족(漢族)'을 중심으로 56개 민족이 결합한 다민족 국가야. '소수민족'은 중국 공산당이 자기네 마음대로 만든 개념이야. 실제로는 그보다 많을 수도 있어. 한족이 중국 전체 인구의 90퍼센트 이상을 차지하고 있기 때문에 소수민족이 한족 문화에 흡수된 것처럼 보이지만, 그래도 '중국'이란 거대한 나라의 위협 요소인 건 분명해. 전체 인구는 적을지 몰라도 이들은 중국 전체 영토의 3분의 2를 차지하고 있거든. 특히 문제가 되는 게 '달라이

유방(劉邦)

한나라를 세운 인물로 중국 역사상 최초로 평민 출신이 황제가 된 사례야. 초한(楚漢)의 전투를 보드게임 형태로 옮겨 놓은 게 '장기'야. 유방은 초나라 출신으로 패현(沛縣)에서 태어났어. 술 마시기 좋아하는 평범한 사람이었는데 진시황릉(秦始皇陵) 공사로 인생이 뒤바뀌게 돼. 유방은 죄수들을 호송해 황릉 공사장으로 호송하는 임무를 맡고 있었어. 그런데 죄수들이 하나둘 도망을 가네? 그러자 유방은 행렬을 멈춘 다음 술판을 벌여. 술을 잔뜩 마시고는 죄수들에게 "도망갈 테면 도망가라. 나도 도망갈 테니까!" 하고는 죄수 호송 임무를 내팽개치고 말아. 이때 죄수 몇몇이 유방을 따르게 됐고 그 뒤로 자신을 따르는 사람들을 모아 진나라에 반기를 들었어. 초나라의 항우와 함께 진나라를 무너뜨린 유방은 결국 항우와 천하를 놓고 싸우게 돼. 이 둘의 전쟁을 그린 소설이 《초한지(楚漢志)》야.

항우(項羽)

진나라에 마지막으로 항거했던 초나라의 명장 항연(項燕)의 손자야. 느낌이 딱 오지? 항우는 천하장사였어. 《사기》에 '역발산기개세(力拔山氣蓋世)'라는 말로 항우를 표현했는데, '힘은 산을 뽑을 만하고, 기운은 세상을 덮을 만하다'라는 뜻이야. 좀 과장되긴 했어도 항우가 어떤 장수였는지 짐작할 만하지. 항우는 숙부인 항량(項梁)과 함께 거병해서 진나라를 물리친 뒤 유방과 천하를 놓고 싸우게 돼. 사실 천하는 원래 항우의 것이었어. 유방은 항우 눈치를 살피며 목숨 부지하기 바빴는데, 이런 상황에서 항우는 그만 자만하고 말았어. 우리가 잘 알고 있는 '금의환향(錦衣還鄉)'이나 '사면초가(四面楚歌)' 같은 말이 항우 때문에 나오게 된 거야. 항우는 '힘'보다는 '머리'를 잘 써야 한다는 걸 반면교사로 알려 주는 상징적인 캐릭터라 할 수 있지.

라마'로 잘 알려진 티베트족과 그 위에 있는 위구르족이야.

티베트족은 중국 유교 문명권보다는 인도 불교 문명권에 더

공자가 꿈꾼 세상

달라이 라마

달라이 라마를 사람 이름으로 착각하는 사람들이 있는데, 정확히 말하자면 티베트 불교의 최고 수장을 뜻해. '큰 스승' 정도로 해석하면 돼. 달라이 라마는 불교의 윤회와 결합된 독특한 승계 방식으로 유명해. 선대 달라이 라마가 사망하면, 그 영혼이 다른 아이의 몸으로 환생한다고 믿고 있어. 그래서 달라이 라마가 죽으면 제자들은 뒤를 이을 아이를 찾기 위해 돌아다녀. 그러다 달라이 라마의 환생자로 판명된 아이를 달라이 라마로 선출하지. 국제적으로 달라이 라마가 유명해진 건 중국의 티베트 강제 점령으로 달라이 라마가 인도로 망명해 망명정부를 꾸리면서부터야. 현재 달라이 라마인 14대가 비폭력 평화운동으로 중국에 저항하여 노벨 평화상을 받으면서 정치적 입지가 확 올라간 거야. 달라이 라마는 중국 입장에서는 손톱에 박힌 가시 같은 존재라서 종종 외교적 마찰을 빚기도 해.

가까운 민족이고, 위구르족은 중앙아시아의 무슬림 민족이야. 민족과 종교가 다르니 중국에 통합되긴 어렵지. 만약 중국 공산당의 힘이 약해지면 중국은 다시 분열될지도 몰라.

중국의 역사를 보면, 통일되면 곧 분열이 일어나고, 분열되면 곧 통일이 되는 과정의 연속이었어. 분열과 통일을 반복하는 역사 속에서 등장한 게 바로 '유학(儒學)'이야. 여기서 눈여겨봐야 하는 건 분열의 시대였던 **춘추전국시대**와 통일의 시대였던 **'한나라'**야. 개인적으로 유학을 이야기할 때 난 이런 표현을 사용하곤 해.

분열과 통일의
연속이었던
중국의 역사

절망을 이겨내기 위한 몸부림

"춘추전국시대에 태어나 버림받았고, 한나라 시절에 주워와 절름발이 왕을 만들었다."

'버림받았다'라거나 '절름발이 왕'이란 표현이 좀 거슬릴 수도 있겠는데(개인적인 평가라는 점을 고려해 줘), 이건 앞으로 설명을 듣다 보면 이해할 수 있을 거야. 자, 이제부터 분열의 시기와 통일의 시기에 유학이 어떻게 태어났고, 어떻게 '이용'됐는지 들여다보기로 할까?

춘추전국시대   우선 춘추전국시대(春秋戰國時代)야. 중국 역사상 최초의 왕조인 상(商)나라가 있었어. 은(殷)나라라는 이름으로 더 많이 알려졌지만, 학계에선 상나라로 통일해서 부르고 있어. 상나라 이전에 하(夏)나라가 있고, 상나라를 이어 주나라가 등장했다고 알고 있는 친구들도 있을 거야. 사실 하나라와 상나라는 전설 속의 국가로 취급됐어. 신화와 역사가 뒤섞여 있다고 생각했기 때문이야.

그런데 '갑골문자'가 발견되면서 상나라는 신화의 영역이 아니라 역사적인 사실로 인정받게 돼. 이 상나라의 뒤를 이은 나라가 바로 주나라였어. 하·상·주나라 하면 경국지색(傾國之色)들로 유명하지. 임금이 여인의 아름다움에 빠져 나라를 돌보지 않은 탓에 나라를 망하게 할 정도의 미모를 자랑하는 이를 뜻하는 말이 곧 경국지색이잖아? 말희(末喜), 달기(姐己), 포사(褒姒)가 바로 그런 여인들이었어.

공자가 꿈꾼 세상

갑골문자(甲骨文子)

거북이의 등껍질이나 동물의 뼈에 새겼다고 해서 갑골문이라고 해. 전쟁이나 자연재해 등을 신에게 묻고 그 결과를 기록한 오래된 상형문자라고 보면 돼. 한자(漢子)의 직계 조상격인 문자지. 갑골문의 등장으로 신화 속 나라였던 상나라가 정식 국가로 인정받을 수 있었어. 갑골문자의 발견에 얽힌 일화가 재미있어. 옛날 농부들은 밭을 개간하다가 갑골문을 발견해도 그냥 이런저런 문양이 새겨진 뼈라 생각하고 한약방에 팔아 버렸어. 그러던 어느 날 청나라 금석학자(금속과 석재에 새겨진 글을 대상으로 언어와 문자를 연구하는 사람)인 왕의영(王懿榮)이란 사람이 몸이 아파 하인을 시켜 약방에 가 용골(큰 포유류의 화석화된 뼈를 말해..진정 작용을 하는 한약재로 쓰이지)을 사 오게 했는데, 용골을 살펴보니 글씨가 새겨져 있는 거야. 갑골문자의 발견이었어.

달기는 그 유명한 '주지육림(酒池肉林, 술로 연못을 채우고, 고기로 숲을 채운다)'이라는 사자성어가 나오게 된 원인이었고, 포사는 '천금매소(千金買笑)'라는 사자성어로 유명하지. "천금을 들여서 웃음을 산다"라고 거칠게 뜻을 풀이할 수 있는데, 여기에 얽힌 사연이 좀 황당해. 원래 포사는 웃지 않는 것으로 유명했어. 예쁘긴 한데, 도통 웃지를 않는 거지. 이러니 포사를 아끼던 주나라 유왕(幽王)이 안달복달하게 된 거야. 어느 날 궁녀 하나가 비단옷을 입고 지나가다 매화나무 가시에 옷이 걸려 찢어지게 돼. 이 소리를 듣고 기분이 좋아진 포사가 웃었어. 그 모습을 본 유왕은 비단을 있는 대

절망을 이겨내기 위한 몸부림

로 사서 다 찢어버려. 비단이 얼마나 비싼지는 다들 알지? 이러니 나라 살림이 거덜 난 거야. 그런데 유왕의 한심한 일은 여기서 끝이 아니야.

주나라는 오랑캐가 침략하면 산꼭대기 봉화대에 불을 밝혀 지방에 있는 제후들(그리고 그들의 군대)을 불러 모았어. 제후들의 연합군과 힘을 합쳐 오랑캐를 물리치는 일종의 시스템을 가지고 있었어(이 부분은 뒤에 다시 나오니까 꼭 기억해). 그런데 어느 날 실수로 봉화가 올랐어. 그러자 지방에 있던 제후들이 놀라서 구름같이 몰려왔지. 그런데 오랑캐는커녕 전쟁의 징후도 보이지 않는 거야. 허탈하게 하늘만 바라보는 제후들과 수많은 군사. 이 모습을 지켜본 포사가 박장대소를 하게 된 거야. 이걸 본 유왕은 포사를 웃기겠다면서 거짓 봉화를 밝혔고, 그때마다 제후들은 군사를 이끌고 달려왔어. 이런 일이 반복되자 제후들은 봉화대에 불이 올라도 군대를 보내지 않게 됐어. 그러다가 정말로 오랑캐가 주나라를 침략했을 때 아무도 오지 않은 탓에 유왕은 죽고 포사는 끌려가게 돼.

이렇게 하여 춘추전국시대가 시작된 거야. 본격적으로 춘추전국시대를 말하기 전에 한 가지 정리를 하고 넘어갈까해. 좀 전에 설명한 경국지색에 관한 거야. 여기서 질문을 하나 할게.

공자가 꿈꾼 세상

"말희, 달기, 포사가 각각 하나라, 상나라, 주나라를 망하
게 했다는 말을 믿어? 어떻게 생각해?"

"책에 나와 있으니 사실 아니에요?"

"거짓말을 역사책에 쓰지는 않았겠죠!"

이런 생각이야? 아니면 달라? 자, 상식적으로 생각해 보
자. 과연 여자 한 명이 나라를 망하게 할 수 있을까? 여성의
힘을 무시하는 게 아니라 단지 한 명의 힘으로 일개 국가를
망하게 하기란 불가능해. 그리고 역사를 살펴보면, 외적의
침입만으로 국가가 망하는 경우는 거의 없어. 내부적인 문
제로 붕괴가 시작됐다가 외적의 침입 혹은 반란이 계기가
되어 결국 나라가 망하는 게 대부분이야. 그러니까 이렇게
표현할 수 있을 거야.

"망할 만하니까 망한 거야."

포사의 예를 다시 살펴볼까? 아무리 좋아하는 여인이 부
탁한다고 해도 한 나라의 왕이란 사람이 국가의 근본을 뒤
흔들 만한 일을 아무렇지 않게 실행했다는 것 자체가 문제
아니겠어? 외적의 침략을 대비해서 건설한 봉화대를 개인을
위한 장난감으로 사용하는 사람은 왕으로서 자격이 없는 것
아닐까? 이런 왕을 견제할 시스템이 없는 나라라면 망하는

게 이상하지 않은 거야. 경국지색으로 유명한 말희, 달기, 포사는 비슷비슷한 이야기 구조로 돼 있어.

"악녀들이 비슷해서 그런 것 아니에요?" 하고 되물을 수도 있겠지만, 사실 이런 이야기는 후대에 꾸며 낸 이야기거나 작은 이야기를 부풀리거나 서로서로 이야기를 '교환'했다고 볼 수가 있어. 너무 오래전 이야기이기도 하고 이 시대는 신화와 역사가 뒤섞여 있어서 진실을 파악하기 어렵기도 해. 포사의 예만 봐도 그래. 용의 침이 알이 됐고, 이 알이 용으로 변해 궁녀 뱃속으로 들어가 잉태된 채로 있다가 여자아이로 태어났다고 나와 있어. 이 정도면 역사가 아니라 신화의 영역이라고 봐야겠지.

오래된 기록이라도 그걸 글자 그대로 믿을 수 있느냐는 따져 볼 일이야. 우리가 알고 있는 기록이 사실이 아닐 수도 있는 거야. 인간의 역사에서 '사실'이란 단어가 의미하는 게 뭔지 우리는 깊이 생각해 봐야 해. 좀 냉정하게 말할게.

"많은 사람이 믿으면 사실이고, 그렇지 않으면 사실이 아니다."

어떻게 생각해? 역사를 기록한 사람에게도 감정이 있으니 주관이 섞여 들어갈 수밖에 없어. 사실을 과장할 수도 있고, 어떤 '의도'를 가지고 역사를 살짝 비틀 수도 있어. 그러니

공자가 꿈꾼 세상

기록을 대할 때 우리에게 필요한 건 '비판적 시각'이야. 책에 나온 내용을 그대로 믿기보다는 다시 생각해 보는 거야.

"포사가 예뻤다는 건 알겠는데, 과연 여자 한 명 때문에 나라가 망했다고 볼 수 있을까?"

"그래 맞아. 진짜 문제는 왕이 아니었을까? 나라를 다스리는 책무는 결국 왕에게 있잖아?"

"한 미인이 문제였다기보다는 왕이 나라를 제대로 다스리지 못했기 때문에 오랑캐의 침략에 맥없이 무너진 게 아닐까?"

소크라테스의 얘기를 생각해 봐.

'캐묻지 않는 삶은 살 가치가 없어!'

누군가 '잘 아는 사람'이 쓴 이야기를 그대로 믿는다면, 결국 남의 생각으로 가득한 '지식'을 가지게 될 뿐이야. 비판적 시각으로 포사와 유왕의 이야기를 다시 살펴봐. 뭐가 나올까? 사람들의 눈길을 끄는 건 포사가 엄청난 미모를 가진 여인이지만 잘 웃지 않았다는 것. 그녀를 웃리려면 나라에 '해'가 되는 일을 해야 했다는 것. 이 여인에게 휘둘려 결국 나라를 망하게 한 유왕에 주목할 거야. 일반 대중은 이런 말초적이고, 단편적인 사실에 주목하곤 하지. 그러고는 나라가

망한 것을 한 여인의 잘못으로 돌리고 말아. 하지만 이 책을
보는 여러분이라면 다시 한번 생각해 봐.

"봉화대 사건의 본질이 뭘까?"

정말 중요한 사건의 본질은 유왕이 봉화대에 불을 올렸지
만, 제후들이 더는 군대를 이끌고 오지 않았다는 거야. 이걸
눈여겨봐야 해. 뭔가 이상하지 않아? 이상한 게 안 보여? 하
나씩 뜯어보면, 분명히 이상한 게 보일 거야.

첫째, 나라의 왕이라면 당연히 군대를 가지고 있을 텐데
어째서 주변 제후들을 불러서 오랑캐와 싸우려 했던 걸까?
둘째, 왕의 명령이면 죽으라면 죽는시늉이라도 해야 하는
데, 몇 번 '거짓 봉화'를 올렸다고 제후가 명령을 안 듣는다는
게 말이 될까?

이런 생각이 들었어? 이제 뭔가 이상하다는 게 느껴지지?
우리가 TV나 영화에서 보는 왕들은 절대적인 권력을 가지
고 있는 것처럼 보이는데, 주나라 유왕은 뭔가 부족해 보여.
왜 그런 걸까? 이유는 간단해. 주나라는 봉건제(封建制)를 채
택한 나라였기 때문이야.
봉건제의 '봉(封)' 자를 풀어 의미를 파악하면, "천자가 제

봉건제

공자가 꿈꾼 세상

후를 임명하고 토지를 하사하는 제도"라고 볼 수 있어. 중국의 거대한 땅덩어리를 생각해 봐. 너무 커서 주나라 왕이 모두 통치하기 어려워. 그래서 왕은 왕족과 공신들을 제후로 봉한 뒤 각자의 통치구역을 나눠 준 거야. 물론 여기에는 조건이 붙었어. "나눠 준 땅은 자식에게 물려줄 수 있어. 대대손손 너희가 그곳을 통치해도 돼. 단 제사 지낼 때 공물을 보내는 건 잊지 마."

왜 주나라는 봉건제를 택했던 걸까? 옛날에는 통신이나

교통이 불편했기 때문이야. 지금이야 메일을 보내거나 전화로 지시를 할 수 있고(화상회의도 가능하지!), 여차하면 비행기를 타고 날아갈 수 있겠지. 하지만 옛날에는 말 타고 달려가는 게 고작이었잖아. 이러다 보니 왕이 넓은 영토를 직접 통치하는 게 어려웠어. 결국 원활한 통치를 위해 제후를 여럿 세우고 적당히 공물을 받았던 거야. 여기서 문제는 나눠준 땅에서 제후들은 '작은 왕'으로 군림할 수 있었다는 거야. 백성들을 직접 다스리고, 세금을 걷고, 군대를 키울 수 있었어. 그러다 왕이 부르면 군대를 이끌고 올라갔지. 봉건제 초기에는 이런 형태가 문제가 되지 않았어.

"주나라 큰형님이랑 사이좋게 지내야지. 우린 다 같은 형제 아냐?"

그런데 혈육으로 맺어진 끈끈한 관계가 시간이 흐르다 보니 점점 멀어진 거야. 처음엔 사촌지간이었더라도 시간이 지나 육촌이 되고 팔촌이 되고 점점 낯선 존재가 된 거야. 워낙 넓은 땅에 떨어져 있어서 제삿날에나 겨우 마주할 정도니 정(情)이 생기겠어?

"말이 좋아 형제고, 가족이지. 고조할아버지 때야 가까운 사이였는지 모르겠지만 지금 왕은 남보다 더 먼 사이 아냐?"

공자가 꿈꾼 세상

"그렇지. 평생 얼굴 볼 일 몇 번이나 있겠어? 12촌이면, 이건 남이야. 남!"

처음 봉건제를 시작했을 무렵에는 주나라 왕실을 큰형님 대접하면서 제후들이 깍듯이 모셨겠지. 왕이 직접 다스리는 지역을 제외하고는 제후들에게 땅을 다 나눠 줬지만 별걱정을 안 했던 게 "우리는 한 식구잖아. 설마 큰형한테 대들겠어?"라는 믿음이었어.

이걸 어려운 말로 표현하자면, 혈연관계를 바탕으로 한 종법(宗法, 한 핏줄 간의 규칙)질서를 기반으로 중앙정부가 통제력을 유지하는 방법이라고 하는 거야. 그런데 후대로 갈수록 핏줄이 흐릿해지고, 중앙정부가 지방의 제후들을 다스리는 게 어려워졌어. 게다가 지방정부의 힘은 날로 강해졌지. 이건 당연한 결과야. 중앙정부는 땅이 한 조각밖에 없는데, 제후들에게 나눠 준 땅은 수십, 수백 조각이나 됐으니 말이야.

자, 이제 유왕이 봉화를 올렸을 때 제후들이 군대를 이끌고 달려온 이유를 알겠지? 그런데 문제는 그나마 유지되던 봉건제가 유왕이 죽으면서 완전히 끝났다는 거야. 주나라는 수도를 낙읍(洛邑)으로 옮기고, 평왕(平王)을 왕으로 추대하면서 사태를 수습하려고 했지. 이때부터 동주(東周) 시대가 열린 거야(이전은 '서주(西周) 시대라고 하지). 그렇지만, 이미

엎질러진 물이라고 해야 할까? 제후들이 주나라 왕실이 '껍데기'란 사실을 알아챈 거야. 다시 말해 왕실의 권위가 사라진 거지. 그동안 **'호랑이'**였다고 생각했던(그렇게 인정해 줬던) 주나라가 알고 보니 **'고양이'**에 불과했던 거야.

학교에서 학생들은 선생님이 있을 때는 조용하다가, 선생님이 나가시고 난 다음에는 막 떠들지? 어떨 때는 친구들하고 싸우고, 심하면 주먹다짐을 할 때도 있잖아? 이런 상황에서 누가 힘을 발휘할까? 대개는 힘센 친구의 목소리가 커지잖아. 춘추전국시대가 딱 이런 상황이었어.

춘추전국시대란 이름은 어떻게 해서 붙은 걸까? 간단해. 공자 때문이야. 좀 더 정확하게 표현한다면, '책' 때문이라고 할 수 있어. 춘추전국시대(春秋戰國時代)란 이름은 공자가 쓴 역사서 **《춘추(春秋)》**와 전국시대 유세가의 말과 일화를 모은 **《전국책(戰國策)》**의 이름에서 나온 거야.

중국을 통일한 시황제

춘추전국시대라고 하면 보통 기원전 770년 주나라 왕실이 낙읍으로 천도한 뒤부터 기원전 221년 시황제가 중국을 통일했을 때까지의 역사를 말해. 여기서 기원전 403년까지를 춘추시대, 그 이후를 전국시대라고 해. 축구로 치자면, 춘추시대가 전반전, 전국시대는 후반전이라고 할 수 있어.

"춘추시대랑 전국시대가 많이 달라?" 이런 의문이 들 것 같은데, 결론부터 말하자면 아주 다르다고 봐. 춘추시대부

시황제(始皇帝)

진(秦)나라의 왕이자, 중국 최초의 황제(皇帝)였어. 연, 조, 위, 제, 한, 초 6국을 멸망시키고 춘추전국시대를 통일한 인물이지. 출생부터 시작해 죽음에 이르기까지 사연이 참 많은 황제이기도 해. 원래 그의 어머니 조씨는 조나라의 상인인 '여불위'가 데리고 있었던 기생이었는데, 여불위는 조나라로 볼모로 와 있던 영이인(훗날 진나라의 장양왕이 돼)에게 조씨를 줬어. 이때 조씨는 여불위의 아이를 임신 중이었어. 그러니까 시황제는 여불위의 자식이라는 말이 되지. (《사기》에 기록으로 남아 있지만, 이 부분은 의심해 봐야 한다고 생각해. 시황제의 정통성을 깎아내리기 위한 창작일 가능성이 높기 때문이야.) 아무튼 어렵게 왕위에 오른 시황제는 춘추전국시대를 끝내기 위한 정복전쟁에 들어갔고, 천하를 통일한 뒤 주나라의 통치방식이던 봉건제를 버리고 각 지방에 관리를 파견해 통치하는 군현제를 실시했어. 아울러 각국마다 서로 달랐던 도량형을 통일하고, 아방궁과 진시황릉, 북방의 성을 신축·보수한 '만리장성'을 쌓는 등 대규모 토목공사를 일으켜. 여기에 더해 실용서 등을 제외한 대부분의 책을 불태워 버리는 분서갱유를 일으켜 폭군의 대명사로 불리게 돼. 이렇게 보면 '나쁜 통치자'로 보이기도 하지만 진시황이 잘한 것들도 있어. 통일 이후 너무 급격하게 개혁을 진행한 탓에 백성의 원성이 높았지만, 그가 취한 정책에는 백성을 편하게 해 주는 일정한 방향성이 있었거든. 백성이 불편하게 여기던 화폐, 도량형 통일은 통일된 국가의 융합을 위한 당연한 선택이었을 거야. 이런 면모를 좋게 봐주려 해도 시황제가 백성의 삶을 도탄에 빠뜨린 건 사실이야. 말년에 이르러 불로초를 찾겠다며 '모험단'을 구성해서 보내는 데 열중한 걸 보면 역시 좋은 왕은 아니었어. 천년만년 갈 것 같았던 진나라는 결국 3대 만에 망하게 돼. 중국 역사상 최초로 중국 전역을 통일해 하나의 나라로 만든 건 어쨌든 진시황의 큰 업적이라 평가할 수 있을 거야.

터 설명해 볼게. 서주(西周) 말 무렵에 주나라는 800여 개의 제후국으로 구성돼 있었어(고대 그리스의 도시국가 정도로 생각

절망을 이겨내기 위한 몸부림

1974년 황제릉을 경호하는 실물 크기의 병사와 병마 도용이 발굴됐다. 병마용 갱의 규모로 진시황의 치세를 짐작할 수 있다.

하면 돼). 이렇게 많은 나라는 정리되기 시작해서 나중에는 수십 개 정도만 남게 돼. 1차 예선전을 치렀다고나 할까? 철제 농기구가 출현하면서 생산력이 증대됐고, 도시국가가 주변 도시국가를 흡수해서 점점 넓은 땅을 가진 영토국가로 변신하게 되는 거야. 그리고 이때까지만 해도 나름 '최소한

공자가 꿈꾼 세상

의 규칙'은 지켰어.

"아무리 큰형님이 알거지가 됐다고 해도 형 대접은 해 줘
야 하지 않겠어?"
"그렇지. 사람이 의리라는 게 있지."

주변 큰 제후국들은 주나라 왕실을 나름 인정해 줬어. 서
로 싸우거나 해도 최소한의 예의를 지켰던 거야. 그러나 시
간이 흐르면서 상황은 달라졌어.

"야! 싸움에 예의고 염치가 어디 있어? 이기는 게 최고잖아!"
"맞아. 완전히 멸망시켜서 아예 기어오를 엄두를 내지 못
하게 해야 해!"

춘추시대 때에는 '춘추오패(春秋五覇)'라고 해서 수많은 제
후국 중에서 힘이 센 나라들이 모여서 약한 나라를 보호해
주는 모습을 보였지만, 전국시대로 들어서면 서로 죽고 죽
이는 약육강식(弱肉强食)의 시대로 변해 버려. 최종 결승전에
남은 일곱 나라가 바로 전국칠웅(戰國七雄)이야. 그 최종 승
자가 바로 진(秦)나라였어. 나머지 여섯 나라를 멸망시키고
하나의 통일제국을 만들었으니까 말이야.
한번 생각해 봐. 500여 년간 계속해서 전쟁이 일어나고,

죽고 죽여야 하는 백성의 삶이 어떠했을 것 같아?

"지옥."

맞아. 그야말로 지옥이지. 전쟁이 나면 누군가는 죽게 돼.
그 사람이 아버지가 될 수도, 삼촌이 될 수도, 누이나 동생
이 될 수도 있어. 전쟁에 지기라도 한다면, 삶의 모든 것을
잃을 수도 있어. 전쟁에서 이긴다 한들 군대를 먹이고, 입히
고, 훈련하기 위해 계속 돈이 들어가잖아? 전쟁에 참여하지
않는 국민이라고 전쟁의 포화를 피할 수는 없어. 전쟁이 끝
날 때까지 터무니없이 높은 세금을 내야 하기 때문이야. 이
기든 지든 전쟁으로 인한 고통에서 벗어날 길이 없는 거지.
더 큰 문제는 지옥 같은 상황이 언제 끝날지 모른다는 거야.
영원히 이어질 것 같은 아비규환 앞에서 사람들은 고민하기
시작해.

"이 전쟁을 어떻게 하면 끝낼 수 있을까?"
"다른 나라와 싸우지 않고 행복하게 살 방법은 없을까?"

끝없는 절망 앞에서 사람들은 해결책을 찾기 위해 고민하
게 돼. 삶의 고민이 가장 깊어질 때가 언제일 것 같아? 그래,
'인생의 벽'이 앞을 가로막을 때야.

공자가 꿈꾼 세상

"수능 망쳤어. 어떻게 해? 재수해야 할 것 같아."

"사업하다 망했어. 이제 뭘 먹고 살지?"

"실직했어. 이제 우리 가족은 어떻게 살아야 할까?"

사람들은 저마다 인생의 벽 앞에서 절망하고 괴로워해. 철학이 필요한 시간
그러고는 살 방법을 찾으려 하지. 철학이 필요한 시간이 바
로 이때야. 사람은 행복할 때는 철학을 찾지 않아. 그냥 살
면 되잖아? 답이 없을 때, 난관에 빠졌을 때, 주저앉을 때, 사
람들은 답을 찾기 위해 고민하게 돼.

끝없는 전쟁으로 중국 전체가 고통 속에 빠져들었으니 고
민을 하고, 답을 찾는 사람들이 등장하지 않았겠어? 바로 제
자백가(諸子百家)의 출현이야. 여기서 "~子"는 '선생'을 뜻하 제가백가의 출현
는 말이야. 제자백가란 거칠게 풀이하자면 '100명의 선생'이
라고 할 수 있어. 실제로 제자백가의 사상가 수는 200명에
육박해. 백(百)이 100이라는 수를 뜻하기도 하지만 '많다'라
는 뜻으로 쓰이기도 하니, 제자백가라는 말의 뜻을 이젠 이
해할 수 있겠지?

수많은 사상가가 중국의 혼란을 극복하기 위해 저마다의
방법을 내놓았어. 새로운 사상을 받아들여 부국강병(富國强
兵)의 꿈을 이루려는 나라가 늘어났어.

"우리나라가 부자가 되고, 군사력이 강해지면 이웃 나라

 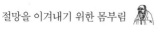

가 침략해도 이길 수 있잖아? 아니, 침략당하기 전에 우리가
먼저 공격해서 점령해 버리면 안전이 보장될 거야!"

　실용주의랄까? 강한 자가 살아남는 시대에 서로 강해지겠
다면서 사상가들을 찾기 시작했어. 나라를 부강하게 만드는
방법을 알려 준다는데 누가 이를 마다하겠어? 이렇게 해서
제가백가 중 등장하는 게 공자로 대표되는 유가(儒家), 노자로 대표되는
대표적인 사상 도가(道家), 묵자로 대표되는 묵가(墨家), 한비자로 대표되는
법가(法家)야. 여기까지가 제자백가 중에서 아주 유명한 유
파이고, 2500여 년이 흐른 지금까지 우리에게 큰 영향을 끼
치고 있는 사상이라고 할 수 있어.

공자가 꿈꾼 세상

노자(老子)

도가의 창시자로 알려진 인물인데, 행적이나 기록이 매우 부족해. 사마천이 지은 《사기》를 보면 노자는 초나라 출신으로 주나라에서 문서 기록을 담당하는 관직에 있었다고 해. 한때 공자가 노자 밑에서 배운 적이 있다는 말이 있어. 노자는 속세를 등지기 전에 5000자로 된 책을 남겼는데, 그 유명한 《도덕경》 혹은 《노자》로 불리는 책이야. 하지만 진위는 불분명해.

묵자(墨子)

묵자(墨子)의 '묵(墨)'은 '검다'는 뜻이야. 여기에는 두 가지 해석이 있어. 하나는 묵자의 피부가 검었다는 거야. 흑인이란 뜻이 아니라 햇볕에 그을렸다는 말이야. 다시 말해 다른 학자들처럼 공부를 한 사람이 아니라 노동을 하는 사람, 즉 농민이거나 신분이 낮은 사람이었다는 의미가 되지. 또 다른 해석은 묵형(墨刑, 몸에 죄명을 새기는 형벌)을 당했다는 거야. 묵자는 세상이 혼란스러운 건 '사랑'이 부족하기 때문이라고 생각했어. 그래서 겸애(兼愛), 즉 가리지 않고 모두를 사랑한다는 개념을 주창했어. 유가의 '인(仁)'과 닮은 듯하면서도 달라.

한비자(韓非子)

법가를 집대성한 철학자야. 신분이 꽤 높았는데, 한왕(韓王) 안(安)의 서자였대. 어린 시절 진(秦)의 이사(李斯)와 함께 순자(荀子) 밑에서 동문수학했어. 진시황은 한비자를 존경해서 그를 만나고자 청했어. 한비자가 등용되면 밀려날까 두려웠던 이사가 계략으로 한비자를 죽였다는 시각이 있는데, 이걸 단순히 개인적 욕망으로 보기에는 무리가 있어. 천하통일을 꿈꾸던 진나라는 한나라 침공을 준비 중이었고, 이를 막으려고 한나라는 한비자를 사신으로 보내 진시황을 설득하려 했어. 한비자를 그냥 돌려보내면 내정을 알려 주게 된다고 생각한 이사가 한비자를 죽음으로 내몰았던 거야.

그렇다고 다른 유파를 무시해도 된다는 건 아니야. 《손자병법(孫子兵法)》이라고 들어 본 적 있지? 군사전략을 주로 연구한 병가(兵家)도 이때 등장해(학자들 중에는 유가나, 법가처럼 어떤 '사상'이 아니기에 제자백가에서 병가를 빼는 이들도 있어). 아무튼 춘추전국시대는 말 그대로 **'생각의 폭발'**이 일어난 시기라고 할 수 있어.

개인적인 생각을 보태자면, 이 시기 중국의 사상은 같은 시기 유럽의 철학(고대 아테네로 대표되는)이나 이후 전개되는 서양철학과 비교하면 질적인 면에서나 양적인 면에서 동등하거나 그 이상의 성과를 보여 주고 있어. 12세기 성리학이 등장할 때까지만 하더라도 동양철학은 서양철학과 어깨를 나란히 했다는 말이야. 어떤 면에서는 서양철학을 동양철학이 압도했다고 봐도 돼. 사상의 우열을 가린다는 게 좀 이상하긴 하지만 '생각의 정교함', '고민의 깊이', '사고의 다양성' 등을 종합적으로 고려할 때 동양철학은 아주 큰 성과를 보였어. 그런데 성리학이 등장한 이후로 정체되고 말았지. 이건 어디까지나 내 개인적인 생각이야.

축의 시대

'축의 시대(Axial Age)'라는 말 들어 봤어? 독일의 철학자 카를 야스퍼스가 그의 저서 《역사의 기원과 목표》에서 처음 사용한 용어인데, 인류 문명사의 기반을 닦아 놓은 시대를 명명한 말이야. 결론은 이거야.

공자가 꿈꾼 세상

"기원전 800년에서 시작해 기원전 200년까지 인류 문명의 정신적인 토대가 완성됐다."

지금 우리가 이야기하려는 공자는 기원전 551년에 태어났어. 공자보다 12년 앞서서 태어난 사람으로 그 유명한 석가모니가 있고, 공자가 죽고 10여 년 후에 태어난 사

카를 야스퍼스(Karl Jaspers)

독일의 실존주의 철학자야. 실존주의란 이름만 들어도 '어렵다'란 느낌이 확 들지? 야스퍼스는 마르틴 하이데거와 함께 실존주의 철학을 대표하는 인물이었어. 실존주의의 개념은 고전으로 만나는 진짜 세상 시리즈를 같이 공부하면서 차차 설명할게. 여기서는 야스퍼스와 그의 아내와의 관계를 소개할게. 독일에서 히틀러가 정권을 잡은 뒤 유대인들을 박해한 나치의 만행은 잘 알고 있지? 카를 야스퍼스에게도 압박이 들어왔어. 아내와 이혼하라는 거였는데, 야스퍼스의 아내가 유대인이었기 때문이야. 하지만 야스퍼스는 거절했어. 그 때문에 그는 1937년에 교수직을 박탈당하고 출판도 금지당했어. 제2차 세계 대전이 끝나고 나서야 교수직에 복귀할 수 있었지.

석가모니(釋迦牟尼)

불교의 교조야. 그는 왕자로 태어났지. 그러나 부와 명예를 포기하고 29세에 출가한 뒤 끝없는 고행의 길을 걷게 돼. 6년간의 고행을 통해 그것이 아무 의미 없다는 걸 확인하게 됐어. 고행을 포기한 그는 보리수 밑에서 수행하여 35세에 깨달음을 얻게 돼. 이후 45년간 설법을 이어나갔고, 80세에 세상을 떠나.

절망을 이겨내기 위한 몸부림

람이 소크라테스야. 소크라테스보다 40년 늦게 태어난 이가 플라톤, 플라톤보다 40여 년 후에 태어난 이가 아리스토텔레스야. '철학의 아버지'로 불리는 탈레스는 공자보다 70여 년 앞서 등장했고, 아리스토텔레스가 죽고 10여 년 뒤에 맹자(孟子), 장자, 순자 등등이 등장해. 그러다 마지막으로 등장하는 게 예수야.

장자(莊子)

전국시대에 활약한 도가 사상가야. 호접지몽(胡蝶之夢)으로 잘 알려진 사람이기도 해. 어느 날 그가 꿈을 꿨는데, 나비가 되어 훨훨 날아다녔대. 생생한 꿈에서 깨어 보니 다시 사람이 돼 있었어. 그때 그는 자신이 나비가 된 것인지, 나비가 자신이 된 것인지 구분이 가지 않았어. 이 꿈 이야기를 통해 장자는 만물이 변화한다는 걸 역설했어. 즉 어느 한 관점에 고정된 나는 존재하지 않으며, 만물에는 구분이 없다는 거야. 무슨 말인지 이해하기 어렵지? 차차 알게 될 거야.

순자(荀子)

전국시대의 철학자로 맹자가 주장한 성선설(性善說, 인간의 본성은 선천적으로 착하다)과 배치되는 성악설(性惡說, 인간의 본성은 악하다)을 주장한 인물로 알려져 있어. 맹자와 순자는 서로 다른 주장을 하는 것 같지만 결국 하나로 모아져. '교육'에 대해 한목소리를 냈거든. 맹자가 인간은 선한 씨앗을 가지고 태어났으니, 이걸 잘 키워서 싹을 틔우려면 가르쳐야 한다고 생각한 것처럼 순자 또한 사람은 배우고, 가르쳐서 사람답게 만들어야 한다고 생각했어.

공자가 꿈꾼 세상

'**인류 4대 성인**'이란 말 들어봤지? 석가모니, 공자, 소크라테스, 예수를 지칭하는 말이야. 《아리스토텔레스, 행복한 삶을 말하다》에서 '신플라톤주의'를 설명했던 말 기억나?

"서양 문화와 역사를 관통하는 두 가지 큰 흐름이 있어. 이게 오늘날 서양 문화권의 핵심이라고 할 수 있지. 바로 헬레니즘(Hellenism)과 헤브라이즘(Hebraism)이야. 이 두 개의 'H'가 서양 문화의 뼈대라고 보면 돼. 헬레니즘은 거칠게 표현하자면, 고대 그리스의 사상을 말하는 거고, 헤브라이즘은 기독교로 대표되는 '유일 인격신', 즉 교회에서 말하는 '하나님'과 관계된 거야."

헬레니즘 vs. 헤브라이즘

가물가물하다고? 그럼 이것만 기억해. 헬레니즘을 대표하는 인물이 소크라테스고, 헤브라이즘을 대표하는 이가 예수라는 거야. 이 두 사람이 서양의 문화와 역사를 대변한다고 해도 과언이 아니야.

그럼 다른 2대 성인인 석가모니와 공자는 어떨까? 당연히 동양의 문화와 역사를 대변한다고 볼 수 있어. 우리나라의 3대 종교를 천주교, 불교, 기독교로 꼽잖아? 기독교와 천주교는 똑같은 신을 섬기는 종교이니 사촌지간이라 말할 수 있고, 불교는 석가모니를 개조(開祖, 한 종파의 원조가 되는 사람)로 하는 종교야.

불교에 대해 여타 종교와 같이 '부처를 믿어서 구원받는
다', '부처를 믿고 복을 받자'라는 식으로 이해하는 친구들이
많은데, 이건 불교를 잘못 이해하는 거야. 부처, 붓다는 '깨
달은 자'를 일컫는 말이야. 다른 종교와 다르게 불교는 '깨달
음을 얻으면 누구든 부처가 될 수 있다'라고 말해. 이 깨달음
도 거창하게 신을 찾거나 대단한 이에게 기대서 이루는 게
아니야. 석가모니는 이렇게 말했어.

"자신을 등불 삼고 자신을 의지하라."

타인에게 기대지 말라는 철학에 가까운 종교라고 해야 할
까? 석가모니가 생전에 남긴 진리를 '우리가 살아가면서 받
게 되는 고통과 괴로움에서 벗어나기 위한 방법'이라고 간단
히 말할 수 있지. 누군가를 믿고, 누군가에 의지해서 고통과
괴로움에서 벗어나라는 게 아니라 끊임없는 수행을 통해서
스스로 깨달음을 얻으라는 거야. 무턱대고 "부처님께 빌었
으니 다 잘될 거야." 하는 식으로 살면 안 돼.
　불교가 우리나라에 어떤 영향을 끼쳤는지는 '부처님 오신
날'을 보면 알 수 있어. 음력 4월 8일(석가 탄신일)을 나라에서
공휴일로 지정해서 기리잖아. 예수와 동급인 거지. 조선 시
대 때 들어 교세가 많이 꺾이긴 했어도, 신라 시대부터 고려
시대까지 불교는 우리 민족의 대표적인 종교였어.

이 불교와 함께 우리 민족, 아니 동아시아의 사상과 문화를 만든 게 유교(儒敎)야. 유교야말로 우리 삶과 직결되어 있어.

"부모님한테는 뭐 해야 하지?"

"효도?"

"나라에 뭐 해야 하지?"

"충성?"

도덕 교과를 배웠다면 거의 자동 반사처럼 이렇게 답할 거야. 너무 당연해서 왜 그래야 하는지도 모르고, 그냥 그렇게 알고 있기 때문이야. 과연 이 '당연함'은 어디서 나온 걸까? 바로 공자와 유교야. 우리가 알게 모르게 사용하는 수많은 사자성어가 《논어》에서 나왔어. 옛것을 익히고 그것을 미루어서 새것을 안다는 뜻의 **'온고지신(溫故知新)'**, 의를 위해 목숨을 바친다는 뜻의 **'살신성인(殺身成仁)'**, 지나친 것은 부족한 것만 못하다는 뜻의 **'과유불급(過猶不及)'**…. 이건 정말 극히 일부분만 소개한 것이고, 유교 경전들, 그러니까 사서삼경(四書三經, 《논어》, 《맹자》, 《중용》, 《대학》의 네 경전과 《시경》, 《서경》, 《주역》의 세 경서)을 모두 훑어보면, 우리가 사용하는 단어나 어휘의 상당 부분이 유교에 그 뿌리를 두고 있다는 사실을 확인할 수 있어. 문화, 역사, 사상, 사고방식 등등 우리를 둘러싼 모든 것이 유교에서 시작됐거나 그 영향을

절망을 이겨내기 위한 몸부림

받았다고 보면 될 정도야.

서양 문화가 소크라테스로 대표되는 헬레니즘과 예수로 대표되는 헤브라이즘이란 두 개의 H로 만들어진 문화라면, 동아시아 문화권(한국을 비롯한 동북아 지역)은 불교와 유교의 지대한 영향을 받으며 만들어진 문화라 할 수 있어.

우리는 인식하지 못하고 있지만, 우리의 삶은 2500여 년 전 지옥과도 같은 춘추전국시대를 끝내기 위해 '인(仁)'을 설파한 공자의 생각 속에서 이뤄지고 있는 거야.

절름발이 유교를 위한 변명 2

본격적으로 공자와 《논어》 이야기를 하기 전에 한 가지 변명을 할까 해. 이 책을 쓰겠다고 결심했던 때부터 고민한 대목인데, 지금 우리에게 '유교'란 상당히 문제가 많은 것처럼 인식되고 있잖아?

"유교가 나라를 망쳤어! 제사만 해도 그래. 죽은 이를 위하다 산 사람이 죽게 생겼어. 애꿎은 여자들만 고생하잖아!"

"가부장제는 또 어떻고? 지금이 어떤 시댄데 아직까지 남녀차별이야?"

"나이가 벼슬이라도 되는 줄 알아? 어르신 공경하는 건 이해하겠다 이거야. 그런데 나이 한 살 많다고 선배랍시고 거들먹거리는 꼴이라니… 이거, 뭔가 잘못된 거 아냐?"

맞아. 이런 '잘못된 유교'는 세상에서 사라져야 한다고 생각해. 사실 지금 우리 일상을 지배하고 있는 유교는 공자가 생각한 유교와는 전혀 다른 **'절름발이 유교'**야. 왜 이런 일이 벌어진 걸까?

춘추전국시대 때 제자백가가 등장했다고 했잖아? 부국강병을 꿈꾸는 나라에서 저마다 사상가들을 모시고 나라의 발전을 위해 힘을 기울였어. 이때 유가(儒家)도 선택되었을까? 유감스럽게도 공자는 그 어떤 나라에서도 채용되지 않았어. 어쩌면 당연한 일일 거야.

"나라를 부강하게 만들려면 어떻게 해야 합니까?"
"우선 백성의 신뢰를 얻어야 합니다."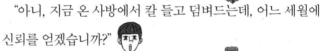
"아니, 지금 온 사방에서 칼 들고 덤벼드는데, 어느 세월에 신뢰를 얻겠습니까?"
"우선 백성들이 믿고 따라야지만⋯."
"좋은 말씀인 건 알겠습니다. 그래도 좀 더 실질적인 방법은 없습니까?"
"⋯."

자고 일어나면 전쟁이 터지고, 나라가 망하는 세상에서 공자의 가르침은 세상물정 모르는 탁상공론(卓上空論)처럼 들렸을 거야. 그 때문이었을까? 혼란한 춘추전국시대를 통일한 사상은 법에 의한 통치를 주장한 **'법가(法家)'**였어. 문제는 그다음이야. 진나라가 천하를 통일한 다음 사상을 통제

공자가 꿈꾼 세상

하겠다고 나선 거지.

"사상을 통제한다는 게 무슨 말이에요?"

"간단하게 말해서 네가 하는 생각을 막겠다는 거야."

"생각을 막아요?"

"예를 들어볼게. 지금 우리나라는 분단돼 있잖아. 남한과 북한으로. 그래서 통일을 해야 한다고 이야기하는데, 한쪽에서는 북진통일을 주장해. 북한으로 쳐들어가서 통일을 해야 한다는 거지."

"그건 전쟁을 하겠다는 거잖아요?"

"그렇지. 20세기까지만 해도 우리나라에서 통일이란, 북진통일밖에 없다고 생각하는 사람들이 많았어. 이와 다른 통일을 얘기하면 '빨갱이'로 몰리기도 했어."

"진짜요? 그건 좀 심했다."

"그렇지. 북진통일을 주장할 수는 있어. 그런데 힘 있는 사람들이 북진통일 말고 다른 방법을 얘기하는 사람들을 잡아서 가두고 때리고 생각을 바꾸라고 강요한다면 어떻게 되겠어?

"자유로운 생각의 표현이 제한되겠네요."

"그렇지. 바로 그걸 노리는 거야! 힘 있는 사람들이 대다수의 생각을 통제하는 이유가 거기에 있어. 내 생각대로만 움직여라. 그래야 내 마음대로 세상을 움직일 수 있다. 진나

　　라 때 분서갱유가 일어난 것도 바로 그런 이유 때문이었어."

　　"분서갱유요?"

　　"책을 불태우고 학자들을 땅에 묻은 끔찍한 사건이야."

　　"으~ 무섭다…."

천하를 통일한 시황제는 실용적인 책들을 제외한 사상서를 모아서 불태웠어. 당장은 자기 뜻대로 할 수 있었겠지만, 사상과 표현의 자유를 막으려 하는 시도는 끝이 좋을 수 없어. 자신과 다른 입장에 있는 사람을 통제하려는 사람은 예외 없이 '독재'를 할 뿐 아니라 그렇게 '강요'하려고 하는 사상 또한 예외 없이 '좋은 사상'이 아니기 때문이야.

정말 좋은 생각이나 사상이 나에게 있다면, 그건 강요하지 않더라도 사람들이 자연스럽게 받아들이지 않겠어? 또한 어떤 사상에 흠결이 있다고 하더라도(지금까지 등장한 어떤 사상이나 철학에도 '완벽'이나 '절대'란 단어를 붙일 수는 없어) 많은 이를 이롭게 한다면, 사회 구성원들이 모여서 머리를 맞대고 보완할 수 있잖아? 이런 논의를 막는 생각이나 사상이라면 그 자체로 '악(惡)'이야.

지금까지의 역사를 살펴보면, 힘 있는 사람들이 강요하는 사상이나 생각은 자기네에겐 좋지만 가난하고 약한 사람들

사상의 자유가 왜 중요할까?

ZzZ

그래도 유교는 사라지지 않는다…

에게는 '나쁜 것'이었다는 거야. 동서양을 가리지 않고 역사가 이걸 증명해! 만약 누군가가 우리의 생각이나 사상을 통제하려고 한다면, 그걸 시도하는 사람은 '나쁜 사람'일 뿐이야. 우린 그런 행동과 뜻에 반대해야 해. 그렇게 하지 않으면 우리는 힘 있는 사람의 노예로 살게 될 뿐이야.

정치적 탄압에 시달린 유교

다시 시황제 이야기로 돌아가 볼까? 시황제는 분서갱유를 통해 사상을 통제했어. 춘추전국시대에 꽃피운 수많은 사상이 사라질 위기에 처했어. 앞서 말한 대로 유달리 탄압에 시달린 게 유가였어. 당시 시황제의 정책에 반대를 많이 했기 때문이지. 사상을 통제하려 했던 진나라는 얼마 가지 못하고 한나라가 들어서게 됐어. 진나라가 망하고 새로운 시대가 찾아오자 이전의 사상과 책들이 세상에 다시 나오기 시작했어. 진나라 시절 분서갱유로 소실된 유교 경전들이 되살아난 거야.

어떻게 이런 일이 가능할까? 간단해. 경전들은 불타 없어졌지만 그 생각과 가치를 지키려는 사람들을 전부 죽일 수는 없었기 때문이야. 당시 학자들은 책을 달달 외우던 사람들이었으니 그 내용을 다시 책으로 펴내는 것은 어려운 일이 아니었을 거야. 더구나 책을 빼앗기기 싫어서 몰래 숨겨 두고 지켜 낸 사람들도 많았어. 한나라가 들어서자 다양한 사상이 꽃피울 수 있는 조건이 다시 마련된 거야.

공자가 꿈꾼 세상

이때 등장한 게 바로 '훈고학(訓詁學)'이란 학문이야. 좀 어렵게 느껴지지? 간단히 설명해 볼게. "학이시습지(學而時習之)면, 불역열호(不亦說乎)라…." 이걸 해석하면 어떻게 될까? 학(學) 자가 배운다란 뜻이잖아? 이(而)는 접속사, 시(時)는 때에 맞추다 혹은 때때로란 뜻이고, 습(習)은 되풀이하다 혹은 익히다란 뜻이지. 불역열호(不亦說乎)는 즐겁지 아니한가라고 해석할 수 있어. 그러니까 "배우고 때때로 익히면 즐겁지 아니한가" 정도로 해석할 수 있지.

이처럼 훈고학은 사라졌던, 유교 경전을 복원하고 경전한 글자, 한 구절을 충실하게 해석함으로써 경전 본래의 사상을 이해하려는 학문 방법론을 말해. 여기서 문득 아리스토텔레스의 사상과 학문이 이슬람 문화권으로 건너가 명맥을 유지하다가 서양으로 되돌아왔던 게 생각나지 않아? 긴역사를 놓고 보면 동양이나 서양이나 비슷한 일이 반복해서 일어나.

유교가 딱 그랬던 거야. 분서갱유로 수많은 경전이 불타거나 소실된 상태에서 이걸 제대로 복원하고 연구하는 과정이 필요했던 거야. 그런데 문제는 이때부터 발생해. 이제부터는 좀 심각한 이야기야. 세상이 '학문'이나 '사상'을 어떻게 악용하는지가 드러나기 때문이야. 공자의 사상이 어떻게 변질됐는지, 사람들이 어떻게 유교를 이용(!)했는지를 확인할 수 있어.

절름발이 유교를 위한 변명

시작은 한(漢)나라야. 진나라가 무너지고, 초나라와 천하를 걸고 싸워 이긴 한나라는 자기들만의 **통치철학**을 찾아야 했어.

통치철학

"통치철학이 뭐예요?"

"지금 우리가 공부하는 게 뭐지?"

"철학이요."

"그렇지? 사람이 사는 데는 철학이 필요하잖아? 어떻게 살

공자가 꿈꾼 세상

아야 할까? 내 삶의 목표가 무엇인지, 그걸 이루기 위해 계획 등을 세우잖아?"

"맞아요. 이전 책에서 삶의 목표를 세우는 게 행복해지는 지름길이라고 하셨잖아요!"

"그렇지. 우리 같은 개인에게도 철학이 필요한데, 나라를 경영하려면 철학이 필요하지 않겠어? 우리 사회는 알게 모르게 유교 사상에 젖어 있었어."

"왜 그런데요?"

"조선 때문이야. 조선은 성리학을 통치철학으로 내세운 나라였거든. 조선왕조 500년 동안 성리학이 사회 곳곳에 스며들었고 그게 지금까지 이어진 거지."

"지도자가 잘못된 통치철학을 선택하면 국민이 힘들어지

성리학(性理學)

12세기 남송의 주희(朱熹)가 집대성한 유교의 학파야. 그의 이름을 따서 주자학(朱子學)이라고도 하지. 원래 유교는 현실적인 학문이었는데, 성리학으로 넘어가면서 형이상학적이고, 머리 아픈 학문이 되고 말았어. 당나라 시절 불교와 도교 등에 의해 사회적 폐단이 쌓이자 유학자들은 불교와 도교의 형이상학적인 요소를 차용해서 유교를 재해석하게 됐어. 여기에 현실적인 문제가 가미돼. 금나라가 쳐들어와서 송나라가 남쪽으로 밀려나 '남송'이 건국되게 된 거야. 이런 현실에서 성리학은 정신적인 측면을 강조해서(한마디로 '정신승리'를 하겠다는 거지) 명분을 특히 따지게 돼. 이후 성리학은 명, 청을 거쳐 동아시아 문화권에 지대한 영향을 끼쳤어. 😊

겠네요?"

"바로 그거야! 고려 시대까지만 하더라도 성리학은 일부 지식인이 중국에서 들여온 새로운 학문이었을 뿐이야. 그런데, 조선이 성리학을 통치철학으로 받아들이면서 우리 삶의 근간이 바뀌게 된 거야. 이런 통치철학을 대체 누가 받아들였을까? 바로 조선의 사대부들이야. 백성이 선택한 게 아니었어. 조금 심하게 말한다면, 성리학은 당시 권력자들의 입맛에 맞는 철학이었다는 거야."

성리학이 지배한 조선

한나라 7대 황제인 한무제는 중국 역사상 가장 영향력 있는 사람 중 한 명이야. 한무제가 등장하기 이전까지 한나라는 흉노족에게 계속 밀렸어. 그런데 한무제는 흉노족을 몰아내고 우리가 잘 알고 있는 실크로드 개척에 나서게 돼. 여기까지만 보면 '힘'만 내세운 전쟁광처럼 보일 수 있는데, 이 사람의 진짜 치적(治績, 정치적인 공적)은 이후 2000년간 이어지는 중국(수많은 왕조가 교체됐지만)이란 나라의 사상적 토대가 되는 유학(儒學)을 국가의 통치철학으로 만들었다는 점이야. 한무제는 황제가 된 직후에 전국의 선비를 대상으로 답을 구했어.

"야, 앞으로 한나라를 어떻게 다스려야 할까? 너희는 머리가 좋잖아. 대책을 내놔 봐."

공자가 꿈꾼 세상

한무제(漢武帝)

관점에 따라 성군이기도 하고, 폭군이기도 한 사람이야. 고조선(위만 조선)을 멸망시키고, 흉노를 정벌하고, 실크로드를 개척하고, 중국 왕조 최초로 유학을 관학으로 공인하는 등 업적도 많지만, 무리한 정벌로 나라 재정을 파탄 내고, 수많은 사람을 죽인(사마천이 궁형을 받은 것도 기억해!) 탓에 나라 안팎으로 시끄러운 일이 많았어.

실크로드(Silk Road)

말 그대로 '비단길'이야. 동서양을 연결하는 중앙아시아의 교역로인 셈이지. 주요 상품으로 취급된 게 '비단'이라서 이런 이름이 붙은 거야.

1세기경 실크로드

왕이나 황제가 사회 현안이나 정치적인 문제에 관한 계책을 답하게 하는 것을 책문(策問)이라고 해. (조선시대에도 과거

절름발이 유교를 위한 변명

시험 최종 합격자들의 순위를 결정할 때 '책문'이라는 논술시험을 봤어.) 한무제에게 대책을 내놓은 사람 중에 우리가 기억해야 하는 동중서(董仲舒)란 사람이 있어. 한무제는 동중서에게 세 번이나 책문을 내렸는데, 그때마다 동중서는 뛰어난 대답을 했지. 그 유명한 '천인삼책(天人三策)'이야.

부잣집 도련님이었던 동중서는 어린 시절 책에 푹 빠져 살았어. 특히 좋아했던 책이 유가(儒家)의 오경(五經, 《역경》, 《시경》, 《서경》, 《예기》, 《춘추》)이었는데, 그중에서도 《춘추(春秋)》에 미쳐 있었어. 노나라의 역사책에 공자가 의견을 적어서 편찬한 책이야. 《삼국지》에 나오는 용장(勇壯) 관우 알지? 그 관우가 평생 가지고 다니면서 읽은 책이기도 해.

동중서는 《춘추》를 제대로 공부하겠다고 결심하고는 3년간 심취했어. 동중서가 어떤 사람인지 이 정도면 짐작할 수 있겠지? 그래, 동중서는 유가(儒家)에 흠뻑 빠져 있던 사람이야. 그런 그가 한무제에게 대책을 내놓은 거야.

**한나라는 어떻게
자배를 정당화했을까?**

"한나라는 중국을 통일했습니다. 통일 시대에는 그에 어울리는 철학이 필요합니다. 제자백가가 저마다의 학설을 내놓고 싸운 건 춘추전국시대에나 필요했던 겁니다. 우린 지금 통일 한나라 시대에 살고 있지 않습니까?"

"그래서 어떻게 하란 말이냐?"

"백가(百家)를 몰아내고 유학만을 가르쳐야 합니다."

공자가 꿈꾼 세상

"그러면 뭐가 좋다는 말이냐?"

"통일 한나라의 지배 체제를 단단하게 만들 수 있습니다. 아울러 황제의 통치가 정당하다는 걸 증명할 수 있습니다."

"그거 괜찮군!"

임금 왕(王) 자를 어떻게 해석했는지 보면, 당시 동중서의 생각을 확인할 수 있어. "옛날에 만들어진 문자로 삼 획을 잇는 것을 왕(王)이라 한다. 삼은 천(天), 지(地), 인(人)이며 이 세 가지에 통하는 자가 왕(王)이다." 무슨 말인지 알겠지? 왕이란 세 가지(三)를 잇는(혹은 관통하는) 존재란 건데, 그 세 가지는 하늘과 땅과 인간이란 거야. 그러니까 왕은 하늘과 땅과 인간을 연결하는 고귀한 존재란 의미지. 동중서는 왜 이런 논리를 내세운 걸까? 혹시 이런 말 들어 본 적 있어?

"왕후장상의 씨가 따로 있나?"

이 말은 고려 시절 노비 만적이 일으킨 노비해방운동을 상징하는 표어야.

"너는 노비의 자식으로 태어났으니 평생 노비로 살아!"

"넌 어떤 존재야?"

"난 왕의 자식으로 태어났으니, 앞으로 나라를 물려받아서 왕이 될 귀하신 몸이지."

"뭐라고? 너랑 나랑 다른 게 뭔데? 똑같은 사람이잖아."

"아니, 이 자식이, 감히! 넌, 하찮은 노비의 자식이잖아!"

"노비는 사람 아냐? 너나 나나 똑같이 붉은 피가 흐르는 인간이잖아!"

"아냐! 아… 아빠가 다르잖아!"

지금은 상식적으로 사람이 다 똑같이 평등하게 태어났다고 믿잖아? (물론 그렇게 생각하지 않는 사람도 있어.) 그런데 예전 신분제 사회에서는 이런 믿음을 유포하는 건 그 자체로 '죄'였어.

모든 사람이 평등하다는 걸 인정하게 되면, 백성 위에 군림하는 귀족이나 왕의 존재 이유가 사라지기 때문이지.

"똑같은 사람인데, 너희는 왜 일을 안 해?"
"맞아! 너희는 왜 우릴 부려 먹으려고만 해? 전쟁이 터지면 우리에게 싸우라고 등을 떠밀고, 너희는 뒤에서 명령만 하잖아?"

지금과 같은 민주주의 국가에서는 시민이 투표해서 나라를 다스릴 대표를 뽑잖아? 이 대표는 '왕'이 아냐. 또한 영원한 권력을 주는 게 아니라 잠시 '위임'하는 거야. 그러니까 대표가 잘못된 정치를 하면 시민들이 맡겨 둔 권력을 도로 찾을 수도 있어. (이걸 '탄핵'이라고 하지.) 그런데 왕정국가 그러니까 왕이 다스리는 나라를 보면, 왕의 아들은 때가 되면 왕이 되고 나라를 다스려. 뭔가 좀 이상하지 않아? 왕의 아들로 태어났다는 이유 하나만으로 나라를 물려받는다는 게 말이 된다고 생각해?

"우리랑 쟤네랑 다른 게 없는데, 과연 백성이 우리 말을 들을까?"
"그러게. 우리가 뭔가 특별하다는 걸 보여야 할 텐데…."
"다른 게 없잖아. 다른 게!"

공자가 꿈꾼 세상

"그래? 그럼 그걸 만들면 되잖아!"

이쯤 되면 이해했겠지? 동중서가 왕(王)이란 글자를 해석한 이유를 말이야. 그는 왕의 존재 이유에 '정당성'을 부여한 거야. 이건 동서양을 떠나 모든 왕조국가에서 확인할 수 있는 모습이야. 서양에서는 왕권신수설(王權神授說)이라 해서 국왕의 권력은 신(神)으로부터 받은 것이란 논리가 등장해. 세상에 얼마 남아 있지 않은 '군주제' 국가들을 봐. 영국이나 유럽의 몇몇 국가에서 왕의 대관식 혹은 왕실의 결혼식을 보면 화려한 옷을 입고 엄청나게 복잡한 절차에 따라 의식을 거행하잖아? 동서양을 막론하고 왕조국가의 '행사'는 복잡하고 지루해. 왜 그럴까? 자신들이 일반인과 다르다는 걸 보여 주기 위해서야. 한마디로 자신들에게 권위(權威)를 부여하기 위해서라고 할 수 있지.

한무제 앞에 나타난 동중서가 바로 이걸 해 주겠다고 말한 거야. 그 방법론으로 들고나온 게 바로 '유학'이야. 동중서의 생각을 이야기하자면 끝이 없을 것 같은데, 그의 통치가 얼마나 '정치적'이었는가에 집중해서 설명할게.

동중서는 중국을 통일한 한나라의 '정당성'을 강조했어. 천하통일이란 건 하늘과 땅의 이치이며, 동서고금의 원리라고 주장했지. 덤으로 나라를 다스리는 군주는 '나라의 근본'이란 논리를 펼쳐. 그리고 사회 체계를 확립하기 위해 그 유

한나라의 정치적 정당성을 확립한 동중서

명한 삼강(三綱)과 오상(五常)이란 도덕규범을 내놓게 돼. 가
끔 나이 드신 분이 젊은이를 꾸짖을 때 하는 말 있잖아?

"이런 삼강오륜(三綱五倫)도 모르는 패륜아 같으니라고!"

삼강오륜   대체 삼강오륜이 뭘까?

삼강(三綱)이란,

군위신강(君爲臣綱): 신하는 임금을 섬기는 것이 근본이고

부위자강(父爲子綱): 아들은 아버지를 섬기는 것이 근본이며

부위부강(夫爲婦綱): 아내는 남편을 섬기는 것이 근본이다.

오륜(五倫)이란,

父子有親(부자유친): 어버이와 자식 사이에는 친함이 있어
야 한다.

君臣有義(군신유의): 임금과 신하 사이에는 의로움이 있어
야 한다.

夫婦有別(부부유별): 부부 사이에는 구별이 있어야 한다.

長幼有序(장유유서): 어른과 아이 사이에는 차례와 질서가
있어야 한다.

朋友有信(붕우유신): 벗 사이에는 믿음이 있어야 한다.

공자가 꿈꾼 세상

이걸 뜻하는 거야. 삼강오륜과 삼강오상은 다른 말이 아니야. 삼강오상은 **"사람이 항상 지켜야 할 큰 도리"**라고 말할 수 있어. 그냥 보면 '참 좋은 말' 같지만, 이것처럼 정치적이고 무서운 것도 없어.

"신하는 임금을 섬기는 것이 근본이고

아들은 아버지를 섬기는 것이 근본이며

아내는 남편을 섬기는 것이 근본이다."

이게 무슨 뜻인지 잘 생각해 봐. 이런 사고를 그대로 받아들이면 아들은 아버지를 따라야 하고, 아내는 남편이 하는 말을 그대로 따라야 한다고 믿게 되는 거야. 그리고 신하는 무조건 임금을 섬기게 되지. 그런데 대체 왜 그렇게 해야 하는지 근본적인 의문이 들지 않아?

뒤에 《논어(論語)》를 이야기할 때 다시 말하겠지만, '정명론(正名論)'이란 게 있어. 공자의 핵심 사상 중 하나인데, 혹시 이런 말 들어봤어?

"군군신신 부부자자(君君臣臣 父父子子)."

《논어》 안연(顏淵)편에 나오는 말인데, 제나라의 경공이 공자에게 어떻게 하면 나라를 잘 다스릴 수 있느냐고 물었을 때 나온 대답이야.

"왕은 왕답게 행동하고, 신하는 신하답게 처신하고, 아버지는 아버지답게 행동하고, 자식은 자식답게 제 할 도리를 다하면 된다."

공자가 꿈꾼 세상

'이름(名)'의 본뜻대로 행동하는 것, 그게 정명론의 핵심이야. 엄청 쉬운 것 같지? 하지만 심오한 의미가 숨겨져 있어.

아까 삼강(三綱)이 뭐라고 했어? 신하는 임금을 섬기는 것이 근본이고, 아들은 아버지를 섬기는 것이 근본이며, 아내는 남편을 섬기는 것이 근본이라고 했잖아? 뭔가 이상하지 않아? 공자가 '왕은 왕답게 행동하고, 신하는 신하답게 처신하고, 아버지는 아버지답게 행동하고, 자식은 자식대로 제 할 도리를 다하면 된다'고 한 반면 동중서는 이걸 **지배**와 **종속**의 개념으로 바꿔 놓은 걸 알 수 있지?

공자의 핵심 사상을 비틀어 버린 동중서

왕이 왕답지 못하더라도 계속 섬겨야 할까? 남편이 하루가 멀다고 아내를 때리고 구박하는데 그런 사람의 말을 들어야 할까? 뭔가 잘못됐잖아? 가만히 보면 공자의 생각이랑 동중서의 생각 사이에 큰 차이가 있다는 게 느껴지지? 동중서의 논리를 따른다면 임금이랑 남편은 '의무'는 없고, '권리'만 주장하는 꼴이 돼.

대통령이 대통령다운 모습을 보인다면, 국민은 대통령의 정책을 지지하고 응원할 거야. 그런데 대통령이 대통령답지 못한 행동을 하면 어떻게 해야 할까? 예를 들어 국민을 감시하고 국정을 농단하는 식으로 말이야. 이럴 때 국민이 가만히 있어도 괜찮을까?

자, 이제 뭔가 보일 거야. 동중서가 말하는 삼강(三綱)이란 사실상 '기득권'을 위한 도덕규범이라고 할 수 있어. 그 기득

권은 뭘까? 아버지의 권위? 남편으로서의 권위? 아니야. 핵심은 '**군위신강(君爲臣綱)**'이야. 한나라 때가 전근대 사회라는 걸 생각한다면, 아버지와 아들의 관계, 남편과 아내의 관계는 어느 정도 이해할 수 있어. 하지만 왕과 신하의 관계에 대해서는 할 얘기가 많아.

"도대체 왜 왕을 따라야 하는 거야?"

"왕한테 충성을 다하라고? 그럴 바엔 차라리 내가 왕이 되는 게 좋잖아?"

이런 생각들을 처음부터 짓밟기 위해서 군위신강을 삼강에 끼워 넣은 거야. 당시 기준으로 봐도 아버지와 아들의 관계나, 남편과 아내의 관계는 납득할 수 있는 권력관계였어. 그런데 의도적으로 여기에 왕과 신하의 관계를 슬쩍 끼워 넣은 거야. 그리하여 '2+1 기획상품'이 만들어진 거야.

그렇다면 삼강(三綱) 뒤에 따라붙은 오상(五常)이란 뭘까? 간단해. 어질 인(仁), 의로울 의(義), 바를 예(禮), 지혜로울 지(智), 믿을 신(信), 이 다섯 가지 덕목을 말하거든. 오륜(五倫)은 오상(五常)과 같은 개념이야(《서경(書經)》을 보면 나와). 오륜은 《맹자(孟子)》에 나오는 개념인데, 친족을 중심으로 한 농경 사회를 기준으로 한 윤리 규정이라 볼 수 있어. 간단하게 말해 '농사짓는 시골 동네를 기준으로 한 법'이라고 생각하면 돼.

공자가 꿈꾼 세상

농사를 지으려면, 이웃이나 형제, 가족끼리 힘을 모아야 하잖아? (앞에서 벼농사가 얼마나 힘든지 길게 설명한 것 기억하지?) 그때 인간 사이의 '관계'를 정해 서로 다투지 않게, 큰소리 나지 않게, 어른들 말 잘 듣게 하기 위해 만든 윤리규범이라고 보면 돼. '삼강오륜(三綱五倫)'이란 한자를 풀어 보면 '원래 뜻'을 훨씬 쉽게 알 수 있어.

"세 가지 끈과 다섯 가지의 인간관계"

이게 삼강오륜의 뜻풀이야. 조금 더 설명하자면, 왕은 신하의 끈, 아버지는 자식의 끈, 남편은 아내의 끈이라는 거야. 즉 엄격한 위계질서와 절대복종을 의미하는 거지. 여기에 다섯 가지의 인간관계는, 당시 사람들의 평균적인 '인간관계 유형'을 담아낸 거야. 부모 자식 관계, 왕과 신하 관계, 부부 관계, 친구 관계, 형제 관계. 이런 관계 속에서 사람이 어떻게 행동해야 하는지를 규정하고 있는 거야.

동양철학이 '관계'에 집중했다는 말 기억하지? 우리에게 익숙한 삼강오륜은 바로 이 '관계'에 관한 가장 오래된 규칙이라고 할 수 있어. 하지만 유학은 '정치적인 목적' 때문에 변질되고 말았어. 동중서는 변질된 유학을 '종교'의 영역으로까지 발전시켜 영원히 이어지도록 토대를 닦았지. 이 때문에 왕조는 바뀌어도 중국의 통치철학으로 자리 잡게 되었

> 통치철학으로
> 자리 잡은 유교

고 오늘날 유교(儒敎)가 된 거야.

　이제 우리가 알고 있는 유교의 대표적인 폐해 두 가지만 설명할까 해. 여성차별(女性差別)과 장유유서(長幼有序)에 관한 거야. 우선 여성차별부터 말해 볼게. 지금은 거의 없어지다시피 했지만, 한때 우리나라는 남아선호사상이 꽤 심했어.

　"아들이 있어야 죽어서 제사상이라도 받지."
　"대를 이으려면 아들이 있어야 해."

　이런 생각이 만연하다 보니 교육부터 재산 상속에 이르기까지 보이지 않는 남녀차별이 존재해 왔어.

　"여성은 줄곧 차별받아 왔던 게 아니었나요?"
　"신라 시대에는 여자도 왕이 될 수 있었어!"
　"고려 시절에는 남녀가 자유롭게 연애를 했다던데?"
　"그럼 조선 때부터였나?"
　"그래! 맞아. 성리학이 들어온 게 조선 때였지!"

　율곡 이이(李珥) 선생은 잘 알지? 5000원권 지폐의 주인공인 분 말이야. 이분은 퇴계 이황(李滉) 선생과 함께 조선 성리학의 수준을 한 차원 끌어올린 유학자야. 겉으로 보면 이분은 철저한 유교 논리에 입각한 삶을 살았을 것 같지만, 의외의

공자가 꿈꾼 세상

모습을 확인할 수 있어. 이분은 외손봉사(外孫奉祀)를 했거든.

　"외손봉사가 뭐죠?"

　쉽게 말해 외갓집에 아들이 없을 경우 외손자가 외할아버지의 제사를 모시는 거야. 이이 선생의 어머니는 신사임당(5만 원권의 주인공)이야. 그런데 이분의 아버지인 신명화는 아들 없이 딸만 다섯을 뒀어. 이러니 제사를 지낼 아들이 없었지. 그래서 둘째 딸인 신사임당의 아들, 즉 율곡 이이에게 서울의 집 한 채와 전답을 물려주며 제사를 지내 달라고 부탁하게 돼. 이이 선생은 군소리 없이 그 뜻을 따랐어. 이건 율곡 선생만의 특별한 경우가 아니야. 아들이 없는 경우 외손자가 제사를 모시는 일은 흔했어. 윤회봉사(輪回奉祀)란 말도 있어. 우리의 상식으로 제사는 장남만 지내는 걸로 알고 있잖아(장남이 결혼 상대로 인기가 없는 이유가 되기도 하지)? 그런데 17세기까지만 하더라도 자식들이 나눠서 제사를 지냈어. 장남만 지내는 게 아니라 자식들이 번갈아 가면서 제사를 지냈던 거지.

　율곡 이이 선생은 '여권 신장'에 상당히 관심이 많은 분이었어. 성리학은 남녀차별을 기본에 깔아 놓고 시작하잖아? 하지만 선생은 '여성 역시 하나의 인격체다! 여자도 교육을 받아야 한다'라고 생각했지. 이 때문에 여성에게도 성리학을 가르쳐야 한다고 주장했고, 실제로 집안 여성들에게 사서삼경을 직접 가르치기도 했어. 당시로서는 파격적인 일이었지.

　재산 상속도 마찬가지야. 조선시대의 법전인 《경국대전(經國大典)》을 보면 적처(嫡妻, 정실부인) 소생의 자식이라면, 장남, 차남, 남녀 가리지 않고 모두 똑같이 재산을 나눠 가지도록 규정했어. 이들 중 제사를 모시는 자식이 있다면 그 사람이 상속 재산의 5분의 1을 더 받도록 하는 추가 조항이 달려 있지. 어때? 상당히 합리적이지 않아?

　그렇다면 대체 어쩌다가 남녀차별이 시작된 걸까? 결정적인 계기는 임진왜란(壬辰倭亂)이었어. 일본이 쳐들어왔을 때 당시 왕이었던 선조는 서울을 버리고 도망을 갔어. 사회 지도층이라는 사대부도 대부분 도망을 갔지. 숱한 백성의 희생으로 결국 전쟁은 끝났지만 왕과 사대부에 대한 감정이 어땠을까?

　"쯧쯧, 왕이 백성을 버리고 도망을 가다니!"
　"양반들은 또 어떻고? 잘난 척하고 우리를 괴롭히기만 하더니, 제일 먼저 달아났잖아!"

　조선을 버리고 명나라로 도망하려 했던 선조는 입이 열 개라도 할 말이 없었을 거야. 싸늘하게 돌아선 민심을 달래려면 뭔가 그럴듯한 '변명'을 해야 했겠지. 그래서 선조는 임진왜란을 극복한 이유에 대해 이순신과 의병들 때문이 아니라 자기가 명나라에 원병을 요청한 덕분이라고 주장해. 이른바 '재조지은(再造之恩, 나라를 다시 만들어 준 은혜)'이란 논리를 만든 거야.

"내가 명나라 황제한테 손이 발이 되도록 빌었거든… 그래서 명나라 병사가 파병된 거야. 내가 아니었으면 너희는 다 죽었어! 알아?"

이런 논리를 만들어 낸 거지. 그런 다음 땅에 떨어진 윤리와 도덕을 복원하겠다면서 유교를 교조화(教條化)했어. 이게 무슨 뜻이냐고? 간단히 말해서 어떤 상황에서도 절대로 변하지 않는 진리인 것처럼 믿고 따르게 하는 것이라고 보면 돼.

교조화된 유교의 폐해

앞에서 말했지? 철학이나 사상에 '절대'는 없다고 말야. 그런데 성리학은 왜 이렇게 절대에 집착한 걸까? 한나라 시절 삼강오륜(三綱五倫) 자체가 정치적으로 활용됐다는 건 이해했지? 세종 임금은 조선을 통치하면서 삼강오륜을 백성에게 알리기 위해 수많은 시도를 해. 《삼강행실도(三綱行實圖)》같은 책을 간행하는 사업이 대표적이야. 이 책은 성종 시절에 '언해본'이 나왔고, 중종 시절에는 《속삼강행실도》, 《이륜행실도》가 나왔지.

그러다가 선조 대에 이르러 이전에 나왔던 행실도를 재간

행하고, 효자, 충신, 열녀 들의 포상을 장려했어. 선조의 아들인 광해군도 《동국신속삼강행실도(東國新續三綱行實圖)》를 만들어 뿌렸지. 선조는 떨어진 왕실과 사대부의 권위를 회복하는 명분으로 유교 정신을 장려한 거야. 이때부터 여성의 삶이 힘들어졌지.

자, 그럼 장유유서(長幼有序)와 같은 규범은 어떻게 변했을까? 지하철이나 버스에서 누가 나이가 많은지 '민증' 까자고 고래고래 소리치는 할아버지들 본 적 있지? 나이 많은 어른만이 아니야. 대학에서 학번에 의한 위계를 깐깐하게 따지는 선배들도 있잖아? 우리나라만큼 상대방의 나이에 관심이 많은 곳도 없을 거야. 꽤 오랜 시간 우리는 이게 장유유서(長幼有序)요, 유교 문화에 입각한 '올바른' 인간관계라고 생각하고 있었어.

앞에서 공자가 했던 말 기억하지?

"군군신신 부부자자(君君臣臣 父父子子)."

왕은 왕다워야 하고, 신하는 신하다워야 해. 즉 어른은 어른다워야 그에 따른 대접을 받을 수 있어. 길거리에서 "너, 몇 살이나 먹었어?", "새파랗게 어린놈이 건방지게 어른한테 대들어?" 이렇게 승강이를 벌이는 사람은 그야말로 유교가

공자가 꿈꾼 세상

뭔지도 모르는 사람들이야. 조선 시대엔 상팔하팔(上八下八)이라고 해서 위로 여덟 살, 아래로 여덟 살까지는 친구로 지낼 수 있었으니까 말이야. 조선 시대 최고의 친구 관계로 유명한 오성과 한음의 이야기는 다들 잘 알지? 이들은 다섯 살 차이가 났지만 평생 우정을 간직했어.

그렇다면 나이 한 살에 자존심이 아니라 목숨까지 거는 이상한 관계는 언제부터 시작된 걸까? 이 모든 문제의 시작은 일본이었어. 일제강점기에 일본의 문화, 특히 '군대 문화'가 조선 사회를 어그러뜨리기 시작한 거야.

현재 한국의 군대는 대개 한 달 단위로 끊어서 선임과 후임을 갈라(부대 상황에 따라 조금씩 다를 수는 있어). 이런 서열 문화가 정착된 군은 '상명하복(上命下服)'을 중요하게 생각하지. 과거 일본군의 문화가 우리나라에 빠르게 이식되면서 '장유유서'가 이상한 규범으로 변질되고 말았어. 그런데 문제는 해방 이후에도 고질적인 병폐가 우리 사회를 좀먹었다는 거야. 쿠데타로 집권한 권위주의 정부가 1990년대 초반까지 이어지면서 기수 문화, 상명하복 문화가 학교, 기업, 가정에 이르기까지 깊숙이 침투했기 때문이지.

"친애하는 국민 여러분, 저는 북한 공산 세력의 위협으로부터 자유 대한민국을 수호하고, 우리 국민의 자유와 행복을 약탈하고 있는 파렴치한 종북 반국가 세력을 일거에 척결하고 자유 헌정 질서를 지키기 위해 비상계엄을 선포합니다."

쿠데타(coup d'État)

무력으로 정권을 무너뜨리거나 빼앗는 일을 말해. 우리나라에서는 꽤 '익숙한' 용어가 돼버렸어. 대한민국 정부 수립 이후로 벌써 두 번의 쿠데타가 발생했고, 군인 출신 대통령이 세 명이나 등장했으니 말이야. 2016년 "박근혜 탄핵"을 외치던 촛불 정국 당시 기무사가 계엄령을 어떻게 실행에 옮길지 세부 사항을 정리한 문건이 나중에 드러나 사회가 발칵 뒤집어졌던 거 기억해? 촛불집회가 확산되지 못하도록 전파 방해로 시민들의 휴대전화 사용을 막고, 국회를 무력화하고, 언론을 검열 또는 통폐합하는 구체적 실행 방안이 빼곡하게 담겨 있었어. 기무사가 계엄을 검토한 것인지, 쿠데타를 모의한 것인지 의심스러운 대목이 한두 곳이 아니었지. 그런데 시간이 흘러 2024년 12월에 또 한 번의 쿠데타가 일어났으니 세상은 정말 요지경이야.

공자가 꿈꾼 세상

2024년 12월 3일 밤, 윤석열 대통령이 비상계엄을 선포했어. 명분은 반국가 세력을 척결하겠다는 것이었어. 그런데 이후 수사와 언론 보도를 통해 계엄군을 국회로 보내 국민의 대표인 국회의원을 체포하고 구금하려 한 혐의가 드러났고, 계엄 선포를 위한 적법한 절차조차 거치지 않은 사실이 드러났지.

12.3 내란은 한국 정치에 중대한 사건으로 기록될 거야. 헌정 질서를 유린하고, 민주주의와 법치주의의 원칙을 위협했을 뿐 아니라, 권력을 남용하는 대통령이 대한민국의 안위를 얼마나 위협할 수 있는지를 온 국민이 실시간으로 경험했기 때문이야.

윤석열 대통령과 함께 12.3 내란을 주도한 김용현 국방부 장관이 계엄 선포 직후 전군 주요 지휘관에게 강조한 첫 지시는 "항명하지 말라"였어. 명령을 따르지 않으면 항명죄로 다스리겠다는 거니까 얼마나 무거운 얘기야? 비상계엄 선포 당시 주요 인사의 체포 작전을 지휘한 여인형 국군방첩사령관 역시 "맞고 틀리고를 떠나서 위기 상황에 군인들은 명령을 따라야 한다고 강하게 생각한다"라고 말한 사실에 주목해야 해.

군대를 통솔하는 이들이 내란에 가담하고 명령에 복종할 때 국회에 투입된 707특임단원들은 물리력 사용을 자제하고 천천히 이동하면서 임무 수행을 거부했어. 국회에서 철

수하던 한 계엄군은 허리를 숙이며 시민들을 향해 거듭해서 사과하기도 했지. 젊은 군인들은 비정상적인 상관의 명령에 사실상 항명한 거야.

국민의 자유와 인권을 위협하는 내란에 맞서 12월 10일 청소년인권운동단체 '아수나로'와 '지금'은 서울 광화문 광장에서 기자회견을 열고 청소년 시국선언을 발표했어. 4만 9052명의 청소년이 "비상계엄 사태로 윤석열에게 민주공화국의 대통령 자격이 없음이 분명해졌다"며 "민주주의를 후퇴시키고, 우리의 자유와 인권을 위협하는 윤석열은 즉각 물러나라! 지금 바로 윤석열을 탄핵하고 처벌하라!"라는 뜻을 밝혔어.

12.3 내란의 밤이 지나자 전국 방방곡곡에서 1020세대가 탄핵시위에 참여했어. 젊은 세대는 촛불 대신 응원봉을 들고 춤추고 노래하며 대통령 탄핵소추를 이끌어 냈지.

대한민국의 역동성   어때? 대한민국의 역동성이 놀랍지 않아? 사회에 뿌리내린 유교 문화의 폐단도 있지만, 대통령이 대통령답지 않을 때 국민이 나서서 탄핵하는 저력이 우리에게 있기도 해. 과연 어떤 것이 유교의 본질일까? 알아보고 싶다는 생각이 마구마구 들지? 자, 그럼 지금부터 진짜 유교의 모습을 함께 살펴보자고!

공자가 꿈꾼 세상

공자, 동아시아의 철인(哲人)

공자의 인생을 짧게 정리하자면,

"실패한 인생"

이라고 할 수 있어. 죽고 나서 동아시아 문화에 절대적인 영향을 끼친 위대한 사상가로 인정받았지만, 그가 애초 목표로 한 삶과는 거리가 있었어. 한마디로 말하자면, 꿈을 이루지 못하고 생을 마감했다고 해야 할까? 14년간 세상을 떠돌아 사람들에게 '주유천하(周遊天下)'로 잘 알려진 그의 여행길의 목적은 이렇게 정리할 수 있어. "나도 주공(周公)처럼 전권을 위임받아 내가 꿈꾸는 이상적인 나라로 만들 거야!" 이런 공자의 생각이 얼마나 다급했는가는 《논어》에 잘 나타나 있어.

공자가 꿈꾼
이상적인 나라

공산불요가 비(費) 땅에서 반란을 일으킨 다음 공자를 초

빙하자 공자는 가려고 했다. 그러자 자로가 화를 내면서 말하기를,

"못 가십니다. 그만두십시오. 하필 공산 씨 같은 자에게 가신단 말씀입니까?"

라고 하자 공자는 대답했다.

"나를 부른 사람이라면 어찌 아무 이유가 없었겠는가? 누구든 만약 나를 써 주는 사람만 있다면, 나는 동주(東周, 가장 이상적인 세상)를 건설할 것이다."

다른 내용을 하나 더 살펴볼까?

필힐(佛肸)이 공자를 부르자, 공자께서 가려고 하였다. 자로가 말하였다.

"옛날에 제가 선생님께 들으니 직접 그 몸에 불선(不善)을 한 자는 군자가 (그 무리에) 들어가지 않는다고 하셨습니다. 필힐이 지금 중모를 가지고 반란을 일으켰는데, 선생님께서 가려고 하심은 어째서입니까?"

공자께서 말씀하셨다.

"그렇다. (하지만) 이런 말이 있느니라. 단단하다고 이르지 않았는가. 갈아도 얇아지지 않느니라. 희다고 이르지 않았는가. 검은 물을 들여도 검어지지 않느니라. 내 어찌 뒤웅박과 같아서 한 곳에 매달려 있어서 먹지 못하는 것과 같겠는가?"

공자가 꿈꾼 세상

둘 다 《논어》 양화(陽貨)편에 나오는 내용이야. 내가 이 내용을 처음 접했을 때 받은 충격은 이루 말할 수 없어. 너희는 공자를 어떤 사람으로 알고 있어?

"대의명분(大義名分)에 충실한, 꼿꼿한 학자요!"
"불의와 타협하지 않는 충성스러운 사람이요."

그래. 대부분 그렇게 생각할 거야. 그런데 양화편에 나오는 공자의 태도는 너무나 달라서 충격적이지. 첫 번째 이야기의 공산불요(公山弗擾)는 계씨 가문의 가신(家臣)이야. 그가 계환자(季桓子)를 잡아 가두고 비읍을 점거하여 반란을 일으킨 거야. 이때 공산불요한테서 연락이 온 거야.

"선생, 당신이 정치적으로 유능하다면서요? 우리 반란…
아니, 혁명에 동참하지 않겠소? 자리는 잘 챙겨 드리리다."

반란이란 건 정치적으로 성공을 보장할 수 없는 일이야. 실제로 공산불요의 반란은 진압되고 말아. 그런데 공산불요가 공자를 부르자 바로 달려가겠다고 나선 거야. 평소 공자에게 대드는 제자였던 자로가 없었다면, 공자는 반란군에 동참했을지도 몰라. 여기서 눈여겨봐야 하는 대목은 "누구든 만약 나를 써 주는 사람만 있다면, 나는 동주를 건설할 것

자로(子路)

자공, 안연과 함께 공자의 제자 중 가장 유명한 사람이야. 《논어》를 보면, 자로는 스승인 공자와 티격태격하는 모습을 자주 보여. 그도 그럴 것이 자로는 공자와 고작 아홉 살밖에 차이가 나지 않았어. 성격이 괄괄하고 의협심이 넘치는 인물이었지. (중국에선 '협객'의 시초를 자로로 보는 이들도 있어.) 덕분에 공자의 여행길에서 호위를 맡게 돼.

이다"라고 한 공자의 한탄이야.

공자는 자신의 롤 모델로 주공 단을 꼽았어. 주공은 주나라를 세운 무왕의 동생으로 강태공과 함께 건국의 일등 공신이라 할 수 있지. 공자는 평생 주공처럼 살고 싶어 했어. 주공을 한마디로 정리하자면 '엄친아'였어. 똑똑하고, 성격 좋고, 예의 바를 뿐 아니라 정치 실무에도 밝았지. 예학(禮學)의 기초를 닦았고, 《역경(易經)》(사서삼경 중 하나인 《주역》을 《역경》이라고도 해)을 완성했어. 공자가 주공의 이런 놀라운 학문적 성과를 부러워했을 수도 있어. 하지만 근원적으로 접근하자면, 공자는 '학자' 주공보다는 '정치가' 주공을 훨씬 존경했어.

주나라를 세운 무왕이 병이 들어 죽게 되자 누가 왕위를 이어받을지 관심이 쏠렸어. 정석대로라면 무왕의 아들인 성왕(成王)이 왕위에 올라야 했지. 실제로 성왕이 왕위에 오르긴 했는데 문제가 많았어.

공자가 꿈꾼 세상

주공 단(周公 旦)

중국 고대사에서 최고의 성인으로 추앙받는 인물 중 한 명이야. 강태공과 함께 형인 무왕을 보좌해 상나라를 멸망시키고 주나라의 건국에 일조했지. 그런데 형이 건국 2년 만에 죽자 주공은 조카인 성왕을 왕위에 올리고 섭정을 하게 돼. 이런 경우 보통 사람이라면 조카를 몰아내고 자기가 왕이 됐겠지. 하지만 그는 조카가 성인이 되자 깔끔하게 물러나. 주공이 어떤 인물인지 알려 주는 일화로 가장 유명한 게 금등지사(金縢之詞)와 관련된 이야기야. 금등이란 '금속으로 봉한 상자'를 말하는데, 억울함이나 비밀스러운 일을 후세에 전하기 위해 숨겨 둔 문서 정도로 보면 돼. 무왕이 병에 걸리자 주공 단은 하늘에 기원하는 글을 써서 상자에 넣어 뒀어. 그 내용은 '형 대신 내가 죽을 테니 날 데려가세요'라는 것이었어. 시간이 지나 무왕이 죽고, 조카인 성왕이 즉위했을 때 무경(왕위를 노리던 사람이야)을 감시하라고 보낸 관숙(管叔), 채숙(蔡叔)이 무경과 짜고 주공을 모함했어. "주공이 무왕을 독살했다!"라고 말이야. 이때 주공은 낙양으로 피신해 있었는데, 성왕이 나중에 주공의 금등을 발견하고는 그에 대한 의심을 거두게 됐어. 주공의 선한 행실과 공자의 끝없는 '구애' 덕분에 주공은 유교 문화권에서는 최고의 성인 대접을 받고 있어. 🙂

무왕(武王)

상나라를 정복하고, 주나라를 세운 인물이야. 주나라는 상나라의 속국 같은 입장이었기 때문에 어떻게 보면 배신으로 볼 수도 있겠지. 하지만 유교에서는 무왕을 이상적인 지도자로 보고 있어. 천명이 상나라를 떠났기에 이런 경우 찬탈이 아니라 '역성혁명(易姓革命)'으로 봐도 된다는 얘기야. 역성혁명이 뭔지는 같이 공부하면서 나중에 설

명할게.

무왕이 상나라를 무너뜨리고 주나라를 세운 지 2년밖에 안 됐고(나라를 세운 지 2년 만에 무왕이 죽었으니까), 당시 성왕은

미성년자였어. 뭔가 좀 불안한 상황이지? 조선 시대 단종은 열두 살 나이에 왕이 됐는데, 삼촌인 수양대군이 왕위를 빼앗았잖아? 성왕의 사정은 이보다 더 나빴을지도 몰라.

건국 초기라 사회가 불안했고 상나라 왕가의 후손들이 반란을 일으킬지도 몰랐으니까 말이야. 그런데 슬픈 예감은 늘 현실이 되는 걸까? 상나라의 마지막 왕이었던 주왕(紂王)의 아들 무경(武庚)이 실제로 반란을 일으켰어. 이런 혼란을 진압한 게 바로 주공 단이었어. 나라 안팎의 문제를 차근차근 해결한 그는 조카인 성왕 뒤에서 주나라의 기틀을 다졌어. 이런 인품과 정치적 능력을 겸비했으니 공자가 주공을 영원한 롤 모델로 생각한 것도 이해가 되지?

"자왈(子曰), 심의오쇠야(甚矣吾衰也). 구의오불부몽견주공(久矣吾不復夢見周公)."

《논어》술이(述而)편에 나온 말이야. **"공자 말씀하시길, 내가 늙었구나. 오랫동안 꿈에서 주공을 뵙지 못했다"**라는 뜻이지. 이 정도로 공자는 주공을 깊이 사랑했고, 주공처럼 살아가길 원했어. 그의 목표가 뭐였을까? 주공처럼 나라의 전권(全權, 일체의 권리)을 위임받아 뜻을 펼치고 싶었던 거야. 왠지 우리가 알고 있는 '학자'로서의 모습에서 점점 멀어지는 것 같지?

꿈을 펼치고
싶었던 공자

공자가 꿈꾼 세상

이쯤에서 앞서 얘기한 공자의 한탄을 떠올려 봐. 공자는 나라를 잘 다스릴 '의지'와 '자신'이 있었어. 그런데 아무도 자기를 불러주지 않네? 그런 와중에 반란군한테서 연락이 오니 엉덩이가 들썩거린 거야.

"누구든 좋으니 나 좀 데려가 줘!"
"아니! 선생님. 옳지 않은 사람들하고는 어울리지 않는다고 하셨잖아요? 그런데 지금 반란군하고 어울리려고 하시는 겁니까?"

이때 공자의 변명이 걸작이야.

"나만 깨끗하고, 단단하면 나쁜 놈들한테 물들지 않아. 난 깨끗하고, 단단한 심성을 가진 사람이야."

그 당시에 공자는 정말로 조급했어. 《맹자》를 보면 이런 기록이 나와.

"공자삼월무군(孔子三月無君), 칙황황여야(則皇皇如也), 출강 필재질(出疆必載質)."
"공자께서는 3개월간 자신을 써 주는 군주가 없으면 초조 해했고, 그 나라를 떠나 다른 나라로 갈 때 반드시 그 군주를

만날 때 쓸 예물을 실었습니다."

일자리를 찾고
싶었던 공자

뭔가 짠하지 않아? 위대한 스승의 모습보다 요즘 직장인
이나 아버지들의 모습과 똑같은 것 같지? 가장이 직장에서
해고됐다고 생각해 봐. 3개월간 돈을 못 벌면 가족들 먹여
살릴 생각에 초조함을 넘어서 불안해질 거야. 공자도 똑같
은 마음이었던 것 같아. 왕에게 면접 보러 갈 때 건넬 선물
을 늘 준비했다고 하니까 말이지.

자기 뜻을 펼칠 기회를 찾는 공자의 모습을 보면 오늘날
의 취업준비생, 아니, 직장에서 명예퇴직으로 내몰리고 재
취업을 위해 여기저기 이력서를 넣는 중년의 아버지와 같은
처량한 모습이야. 늘 당당한 모습을 보인 플라톤이나 아리
스토텔레스와는 느낌이 전혀 다르지?

"공자 선생님, 그렇게 안 봤는데 어딘지 불쌍해 보인다."

"인류 4대 성인이란 사람이 우리하고 똑같이 생계형 직장
인이었네."

"걱정하는 모습을 보니까 오히려 인간적으로 보이는데?"

이렇게 생각할지도 몰라. 그래서 잠깐 공자를 변호하고
넘어가야겠어. 춘추전국시대는 수많은 사상가가 자신의 꿈
을 펼치기 위해, 그러니까 자신이 고민하고 갈고닦은 '사상'

을 세상에 펼쳐 보이기 위해 노력했던 시대야. 공자만 특별한 경우가 아니란 거야. "그래도, 인류 4대 성인으로 추대되는 분인데, 너무 직장인 같아 보여서 이상해요." 하고 반문할 수도 있는데, 맹자는 이에 관해 설명을 덧붙였어.

"선비가 지위를 상실하는 건 제후가 나라를 잃는 것과 같다."

무슨 뜻인지 알겠어? 경제가 안 좋아지면 많은 기업이 노동자를 해고하잖아. 2010년 12월 15일 한진중공업이 경영 악화를 이유로 생산직 근로자 400명을 희망 퇴직시키기로 결정했어. "정리해고 철회"를 주장하며 노조는 12월 28일부터 나흘간 농성을 벌였고, 2011년 1월 6일부터는 민주노총 김진숙 부산본부 지도위원이 85호 크레인에 올라 고공농성에 돌입했어. 이때부터 언론을 통해 한진중공업 사태의 심각성이 부각됐지. 이때 노동자들의 주장이 많은 사람의 심금을 울렸어.

"해고는 살인이다!"

자본주의 사회에서는 아무것도 하지 않고, 그저 앉아 있기만 해도 돈이 들어. 그래서 돈에 쫓기는 사람들은 푸념을 하기도 해. 숨만 쉬어도 돈이 나간다고 말이야. 스스로 경제

활동을 해 보지 않은 학생들은 체감하기 어렵겠지만, 우리가 생활하는 모든 것에 돈이 필요해. 밥 먹어야지, 학교 가는 데 교통비가 필요하지, 매달 통신비도 내야 하고, 때때로 교복도 맞춰야 해. 이뿐이야? 참고서와 문제집도 필요하고, 친구들과 놀려면 용돈도 필요하잖아? 학원을 여러 군데 다니는 친구라면 교육비도 장난이 아니야. 몸이라도 건강하면 그나마 다행인데, 큰 수술을 해야 하거나 정기적으로 병원을 가야 한다면 의료비 지출도 가계에 큰 부담이 될 거야.

우리 부모님들이 이 모든 것을 책임지고 계셔. 직장에 다니거나 가게를 운영하거나 부업을 하는 등 다양한 형태로 돈을 벌어 가족들의 삶을 지켜내고 계신 거야. 만일 직장 생활을 하던 부모님이 직장에서 사고를 당한다면 어떻게 될까? 말 그대로 한 가정의 삶이 나락으로 떨어지는 것 아니겠어?

젊은 노동자라고 다를 게 있을까? 2016년 5월 28일, 서울 지하철 2호선 구의역에서 젊은 노동자가 사고로 숨지는 사건이 발생했어. 당시 김씨는 스크린도어 뒤편에서 수리를 하고 있었는데, 오후 5시 57분경 달려오던 열차와 스크린도어 사이에 끼어 변을 당한 거야. 2인 1조 작업 원칙이 지켜지지 않은 탓에 벌어진 안타까운 사고였지.

2018년 12월 10일, 한국발전기술 소속 노동자 김용균 씨가 태안화력발전소 석탄 운반용 컨베이어벨트에 끼어 목숨을 잃는 사고가 발생했어. 이 현장 역시 2인 1조로 근무하는

공자가 꿈꾼 세상

게 원칙이었지만 회사의 인력 수
급 문제로 한 명씩 근무한 사실이
드러났어.

　이전에도 비슷한 산업재해가 줄곧 있었는데 왜 근본적인
변화가 일어나지 않았을까? 이건 안전의 책임을 떠넘기는 　**위험의 외주화**
'외주화'와 관련이 있어. IMF 이후 신자유주의의 영향으로
기업은 비용을 줄이기 위해 위험한 작업을 외부 하청업체로
떠넘기고, 하청업체는 책임을 사망한 노동자의 잘못으로 떠
넘기는 일이 반복되고 있는 거야.

공자, 동아시아의 철인(哲人)

행복한 삶을 꿈꾸던 젊은 노동자의 연이은 죽음은 우리 사회에 큰 파장을 일으켰어. '내가 김용균이다'라는 마음으로 연결된 수많은 노동자가 비정규직 철폐와 죽음의 외주화 중단을 촉구하는 집회를 이어갔고, 결국 2019년 산업안전보건법 전부개정이라는 변화를 끌어내게 돼. 하지만 위험의 외주화, 죽음의 외주화를 막아야 할 법의 취지가 퇴색되는 바람에 노동계를 중심으로 '중대재해기업처벌법' 제정운동이 본격화되었고, 2022년 1월 8일 국회에서 '중대재해처벌법'이 통과되게 돼. 그렇지만 지금도 산업 현장에서 노동자의 안타까운 사망 사고는 끊이질 않고 있어.

앞에 나온 맹자의 말은 이런 상황을 지적한 거야. 고전으로 만나는 진짜 세상 시리즈 1권과 2권의 주인공인 플라톤과 아리스토텔레스는 '금수저' 출신이잖아? 반면 공자는 어때? 단편적인 이야기 몇 개만 소개했는데도 '흙수저' 느낌이 들지 않아? 실제로 공자의 삶 자체가 힘겨웠어.

공자의 아버지 숙량흘(叔梁紇)은 첫째 부인 사이에서 딸만 아홉을 두었어. 그래서 첩을 들여 아들을 낳았는데 장애가 있었고 일찍 세상을 떠나고 말아. 대를 이을 아들을 원한 숙량흘은 열여섯 살 안징재(顔徵在)를 만나 뜻을 이루게 돼. 두 사람이 건강한 아이를 달라고 신께 빌어서 낳은 아들이 바로 공자였고, 이름을 '구(丘)'로 지었어.

공자가 꿈꾼 세상

기원전 551년 공자는 노(魯)나라에서 태어났어. 이건 공자의 인생에 상당히 큰 영향을 줬으니 잘 기억해 둬.

"노나라에서 태어난 게 어떤 의미가 있죠?"

"공자가 존경하는 인물이 누구라고 했는지 기억나?"

"주공이요."

"맞아. 주공의 형인 주나라 무왕이 동생에게 내려준 봉토가 바로 노나라였어."

"아! 그러니까 공자가 괜히 주공을 좋아한 게 아니네요? 우리나라로 치면, 세종대왕이나 이순신 장군을 좋아하는 거랑 비슷하겠네요."

"사실, 그보다 훨씬 절박했어."

"예? 그게 무슨 뜻이에요?"

"주나라는 종법 질서를 기반으로 한 봉건제 국가라고 했던 것 기억하지? 종법과 봉건제가 무너지고 나서 춘추전국시대 같은 혼란의 시대가 열린 거잖아? 예전에는 제후들이 주나라 왕을 큰형님으로 모시고, 고분고분 말도 곧잘 들었는데, 체계가 흔들리니까 이제는 서로 주먹 다툼을 하는 거야. 이런 난리를 진정시키는 가장 확실하고 빠른 방법이 뭘까?"

"예전처럼 종법 질서를 바로잡아서, 서로 싸우지 못하게 하는 것?"

"그래. 맞아! 주공이 처음 만든 세상으로 돌아가자는 게 공자의 주장이었어."

"간단한 거네요? 지금은 혼란기니까 좋았던 옛 시절로 돌아가자, 그거잖아요?"

"빙고! 공자가 주공을 자신의 롤 모델로 삼은 이유를 이제 확실히 알겠지?"

순탄하지 않았던 공자의 인생

늙은 아버지한테서 태어난 공자의 출생과 관련된 이야기는 이후 순탄치 않은 인생을 대변하는 것 같아. 공자는 세 살 때 아버지를 여의게 돼. 예순이 훌쩍 넘은 노인과 어린 부인 사이에서 태어났으니 이상할 것도 없지. 열일곱 살 때 어머니마저 세상을 떠나게 되는데, 아버지가 물려준 재산은 이복누이들과 이복조카들에게 다 넘어간 상황이었어. 결국 공자는 빈털터리로 세상을 마주할 수밖에 없었어. 이 때문에 공자는 당시 노나라의 실력자인 계씨(季氏) 집안의 창고지기, 축사지기로 살기도 했어. 이 당시 공자는 어떤 대우를 받았을까? 공자가 스무 살 때 있었던 일이야. 당시 계씨가 선비들에게 잔치를 벌여 대접한 적이 있어. 이때 공자도 잔치에 참여하려고 했는데, 계씨의 가신이었던 양호(陽虎)라는 사람이 공자를 쫓아냈어.

"야! 주인님은 선비를 대접하려고 잔치를 연 거야! 어디서

공자가 꿈꾼 세상

개뼈다귀 같은 놈이 끼어들어? 썩 꺼지지 못해?"

　이런 천대를 받으면서도 공자는 공부에 대한 집념만은 버
리지 않았어. 얼마 되지 않아 노나라에서 가장 똑똑한 사람
이 됐지. 공자는 중국 역사상 최초의 학교를 창설하게 돼.
학생들이 구름처럼 모여들었어. 드디어 공자의 시대가 열리

는구나 싶겠지만 문제가 있었어. 당시 노나라의 상황이야. 이때의 사정을 짐작할 수 있는 사건이 하나 있지.

공자가 살던 당시 노나라는 사실상 계씨의 나라였어. 100년 가까이 노나라를 통치했다고 해야 할까? 왕이 아닌데도 계평자(季平子)가 자기 집 안뜰에서 천자의 춤인 팔일무를 추게 한 거야. 대부에 불과했던 계평자가 천자의 춤인 팔일무를 추게 했다는 건 무슨 의미일까? 스스로 왕 정도 된다는 위세를 과시한 것이고 왕을 무시한 행동이잖아? 결국 터질 일이 터져 버리게 돼.

당시 중국 사람들은 '닭싸움'을 좋아했어. 싸움닭으로 하는 '투계(鬪鷄)' 말이야. 당시 노나라의 실력자였던 계평자와 후소백(郈昭伯)의 집은 붙어 있었어. 내로라하는 권력자들이니까 닭싸움도 그냥 하진 않았겠지. 돈을 거는 놀이 이전에 일종의 자존심 대결이 된 거야. 이들은 '닭'을 정성스레 키우

팔일무(八佾舞)

일무(佾舞) 또는 제례무(祭禮舞)라고도 하는데, 나라의 큰 제사 때 추는 춤이라고 생각하면 돼. 여기서 '일(佾)'은 열(列)과 같은 뜻이야. 그러니까 팔일무란 한 줄에 8명이, 육일무는 6명이, 사일무는 4명이 서서 추는 춤이라고 보면 돼. 계급과 지위에 따라서 춤추는 사람의 수가 달랐던 거야. 제후(諸侯)는 육일무(六佾舞=6×6=36명), 대부(大夫)는 사일무(四佾舞, 4×4=16명)를 추는 게 기본 예식이었어.

공자가 꿈꾼 세상

고, 특별한 훈련을 시킨 다음 '특수 장비'까지 닭에게 장착했
어. 계씨네는 닭에게 '투구'를 씌우고 날개 안에 겨자를 발랐
어. 후씨네는 닭발에 쇠발톱을 끼웠지. 싸움이 벌어지자 처
음엔 계씨네 닭이 우세한 듯 보였어. 날개 안에 바른 겨자가
후씨네 닭 눈에 들어가는 통에 제대로 싸우지 못하고 미쳐
서 날뛰는 거야. 승패가 기운 것 같은 순간 황당한 일이 벌
어져!

"어? 저거 뭐야? 잘 싸우던 계씨네 닭이 쓰러지네?"
"회심의 돌려차기가 먹힌 건가?"

미쳐 날뛰던 후씨네 닭이 계씨네 닭의 목을 공격한 거야.
후씨네 닭발에 쇠발톱을 달았다고 했잖아. 그 덕분에 계씨
네 닭이 단 한 방으로 죽은 거야. 이렇게 되자 계씨네가 성
이 나서 들고일어났지.

"야! 닭발에 쇠발톱 끼운 건 반칙이지!"
"무슨 소리야? 너네는 투구 씌우고 닭 날개에 겨자까지 발
랐잖아!"

서로 상대방의 반칙을 주장하는 상황이 벌어졌어. 어떻게
됐을까? 계씨네가 일방적으로 승리를 선언하고는 내기 돈을

받아간다며 후소백의 땅을 뺏어버렸어. 권문세가인 계씨 집안이 막 나가게 된 거야.

상황이 이렇게 돌아가자 노나라 왕인 소공이 다른 대부들과 힘을 모아 계씨 집안을 공격했어. 하지만 계씨네라고 순순히 당했겠어? 계씨는 맹씨와 숙손(叔孫)씨 집안을 규합하고는 소공을 공격했어. 이른바 '삼환(三桓)의 난'이야. 닭싸움으로 시작된 감정 다툼이 어느새 대규모 '전쟁'이 돼 버린 거야. ('개판'이 아니라 '닭판'이라고 해야 할까?) 이때 노나라 왕인 소공이 싸움에 지고 제나라로 도망가게 돼. 그럼 공자는 어떻게 됐을까? 난리 통에 공자도 제나라로 갔어.

불행 중 다행이랄까, 공자는 제나라 왕 경공(景公)의 총애를 받게 돼. 이 부분은 《논어》에도 잘 나와 있어.

"어떻게 하면 정치를 잘할 수 있습니까?"
"임금은 임금다워야 하고, 신하는 신하다워야 하며, 아비는 아비다워야 하고, 자식은 자식다우면 됩니다."

일종의 면접이 이뤄졌다고 할까? 경공은 공자를 등용하려고 했어. 그런데 이때 안영이 반대를 하고 나섰어.

"유자(儒者)란 약디약아서 법도를 좇으려 않으며, 오만하고 제멋대로여서 아래 사람으로 삼기 힘들고, 상례를 숭상

공자가 꿈꾼 세상

하여 애도를 다한답시고 파산할지라도 장례는 후히 하니 풍속에 득이 없고, 유세나 하고 다니면서 재물만 빌어먹으니 나라에 득이 없습니다. 큰 현인이 없어진 뒤로, 주나라 왕실이 쇠약하여 예와 음악이 없어진 지 오래되었습니다. 지금 공자가 예복(禮服)을 성대하게 차려입고, 임금에게 예절과 진퇴의 절도를 번잡하게 하고 있으니, 여러 대를 두고 하더라도 그 학문을 다 할 수 없고, 한평생 하여도 그 예를 다 할 수 없습니다. 임금님께서 그를 써서 제나라의 풍속을 고치고자 하시면, 어리석은 백성을 위하는 첫째 일이 아닙니다."

이거 어디서 많이 들어 본 말 같지 않아? 유교가 가진 온갖 '나쁜 점'을 압축해서 잘 설명(?)해 주고 있잖아. 우리 머

릿속에서 유교란 '허례허식에 찌들어서 실용적이지 않다'라는 이미지가 있는데, 이때도 꽤 비슷하게 인식했던 거지. 안영의 말을 듣고 경공은 더 이상 '예'에 대해 공자에게 묻지 않게 돼. 대신 공자를 후하게 대접해 주지. 문제는 이때부터였어. 굴러온 돌이 박힌 돌 뺀다는 말 알지? 제나라 대부들이 공자에게 악감정을 품게 된 거야. 실제로 제나라 대부들이 공자를 해치려고 하기까지 했어. 그러자 어느 날 경공은 "내가 늙었는지라 등용하지 못하겠노라." 하고 말하게 돼.

상황이 이렇게 되자 공자로서는 제나라에 머물 이유가 없어졌어. 결국 공자는 노나라로 돌아오게 됐고, 이 와중에 공산불요(公山弗擾)의 반란도 보고, 제자를 키우다가 기원전 499년에 대사구(大司寇) 지위에 오르게 돼. 오늘날로 치자면 법무부 장관과 검찰총장을 겸하는 높은 자리라고 보면 돼.

나라의 기강을 세운 공자

공자가 쉰두 살 때의 일이야. 공자가 대사구 자리에 오르자마자 노나라의 질서가 잡혔어.

"공자가 대사구 자리에 앉은 지 3개월 만에 염소나 돼지를 파는 사람이 값을 속이지 않게 됐다는구면."
"그뿐이야? 남녀가 길을 달리해서 걷게 됐잖아!"
"길에 물건이 떨어져도 주워 가는 사람이 없어."

노나라의 기강이 잡히는 걸 본 제나라는 덜컥 겁이 났어.

"공자가 정치를 하면 반드시 노나라가 강해질 거고, 그러면 우리 나라부터 병합할 거야."

"그렇게 안 되도록 해야지."

"아니? 어떻게 한단 말인가?"

제나라는 예쁜 여자 80명을 뽑아 춤을 가르치고 화려한 옷을 입힌 다음 장식한 말이 끄는 수레 30대에 나눠 태워 노나라 임금에게 보내게 돼. 이걸 본 노나라 임금과 신하들은 여기에 푹 빠지고 말았어. 이렇게 되니 자연스럽게 정치랑 멀어지게 됐지. 이런 한심한 모습을 본 공자는 제사에 쓸 고기를 주지 않는다는 핑계를 대고 벼슬에서 물러나. 그러고는 수십 명의 제자를 거느리고 노나라를 떠나게 돼.

"내가 지금까지 이룬 모든 학문적 성취를 현실 정치에 반영해 보일 테다!"

"현실 정치에 반영한다는 게 무슨 뜻입니까?"

"뭐긴 뭐야? 내가 나라를 다스리겠다는 거지!"

"그게, 가… 가능할까요?"

"어질고 똑똑한 왕이라면, 내 진가를 알아보겠지. 내가 꿈꾸는 세상을 만들 수 있도록, 날 믿고 지지해 주는 왕을 찾아보자."

참 좋은 유교가 왔어요!

주유천하
周遊天下

주유천하　이렇게 시작된 게 그 유명한 주유천하(周遊天下), 주유열국
(周遊列國)이지. 공자는 쉰다섯 살 나이에 제자들과 기약 없
는 여행길에 오르게 돼. 하지만 이 여정이 14년이나 이어질
지는 알 수 없었을 거야. 공자는 위국, 진국, 조국, 송국, 초
국 등등을 떠돌아다녔어.

"공자 정도면 서로 모셔 가려고 하지 않았을까요?"
"선생님이 조건을 너무 따져서 오래 걸린 건 아닐까요?"

공자의 14년 떠돌이 생활은 그야말로 고난의 연속이었
어. 목숨의 위협을 받은 적도 있고, 굶어 죽기 일보 직전까
지 간 적도 있었지. 그러던 중 사람들이 '진채지액(陳蔡之厄)'
이라 부르는 사건이 벌어져. 여기서 진(陳)은 진나라를 뜻하

　　　　　　　　　　　　　　　　공자가 꿈꾼 세상

고, 채(蔡)는 채나라를 뜻해. 공자가 초나라 소왕의 초대를
받아 진나라와 채나라 사이의 국경을 지나가려 하니까 진나
라, 채나라가 위기의식을 느낀 거야.

"공자가 초나라에 등용되면, 우리가 위험해지겠지!"

이렇게 해서 진나라와 채나라의 대부들이 작당해서 모의
한 거지. 공자가 초나라로 들어가는 걸 '원천적으로' 막겠다
고 나섰어. 공자 일행은 두 나라 병사들에게 가로막힌 채 일
주일간 고립됐어. 《논어》 위령공(衛靈公)편에 이 이야기가
자세히 나와 있어. 아마도 공자 일생일대의 위기이자 최고
의 고난이었을 거야. 제대로 먹지 못한 제자들이 픽픽 쓰러
졌어. 진나라와 채나라 병사들이 언제 칼을 들고 달려들지
모르는 상황! 절체절명의 위기에서 스승을 믿고 따르던 제
자들까지 들고일어나. 공자와 늘 티격태격하던 자로가 이때
도 튀어나왔어.

"선생님! 군자도 이처럼 곤궁할 때가 있습니까?"

화가 난 거지. 괄괄한 자로만이 아니라 제자들 모두 불만
이 가득한 상황이었어. 이때 공자가 영화에 나올 법한 멋진
대사를 날리지.

공자, 동아시아의 철인(哲人)

"군자는 원래 곤궁한 것이다. 군자는 곤궁에 빠져도 흔들림이 없지만, 소인은 곤궁하면 혼란에 빠진다."

뼈 있는 한마디였어. 큰 뜻을 품고 도를 찾는 이는 힘든 경험을 하는 게 당연하다는 거야. 거기서 한 발 더 나아가 소인은 힘든 시절을 맞닥뜨리면 혼란 속에 어찌할 바를 모르는 법이라면서 우회적으로 제자들에게 가르침을 줬지. 말은 쉽게 하지만, 사실 당시 상황은 꽤 심각했어. 그래서 공자는 제자들의 불만을 다독이고 시험하는 요량으로 물었어.

"시에 이르기를 '코뿔소도 아니고 호랑이도 아닌 것이 광야를 헤매고 있구나' 했는데, 우리의 도가 바로 그런 격인가 싶구나. 내가 여기서 어찌해야 하겠느냐?"

일주일간 생사의 갈림길에서 헤매다 제자 자공을 초나라로 보내 구원을 요청하여 초나라 소왕이 군사를 일으켜 공자를 맞이한 뒤에야 풀려날 수 있었지. 이 당시의 추억(?)이 얼마나 강렬했는지는 공자와 제자들의 대화를 들어보면 짐작할 만해.

"선생님, 저는 황야에서 선생님과 함께 겪은 고난을 평생 잊지 못할 것입니다."

"훌륭하구나, 고난을 잊지 않으려 함은. 나 또한 어찌 잊을 수 있겠느냐? 무릇 진·채 사이에서 우리가 겪은 고난은 나에게도 다행이요, 나를 따라온 너희에게도 다행한 일이다. 내 듣기로 한 나라의 임금도 고난을 겪어 보지 않고서는 왕도를 이룰 수 없고, 열사도 고난을 겪지 않고서는 그 장렬함을 드러낼 수 없다고 하였다. 어찌 장부의 가슴을 격동시키고 뜻을 독려하는 결심이 이러한 고난에서 시작하는 것이 아니라고 말할 수 있겠느냐?"

들판을 바라보며 지난날의 감회에 빠져 듣기에는 참 좋은 말이야. 그야말로 인생의 진리가 다 담긴 말이잖아. (고난과 인내 없는 성취가 있겠어?) 그런데, 이 '진채지액'은 실로 공자의 인생을 그대로 대변하는 사건이었다고 할 수 있어. 공자는 살아 있는 동안 '고난'만 겪었을 뿐 '성취'를 보지 못해. 그가 죽은 뒤 그의 사상은 아시아 전체로 뻗어 나갔지만, 개인인 '공자'의 삶은 불행했지.

자신의 꿈을 펼치기 위해 여러 나라를 떠돌았지만, 공자는 채용되지 못했어. 결국 취직을 단념한 공자는 노나라로 돌아와서 후학 양성에 힘을 쏟게 돼. 평화로운 말년을 보내는 것 같아 보였으나 불행이 이어졌지. 아들이 죽고, 애제자였던 안연과 자로(子路)가 죽는 걸 봐야 했어. 하늘이 무너지는 심정이었겠지.

후학 양성에
힘을 쏟은 공자

쓸쓸한 말년을 보내던 공자는 기원전 479년, 일흔셋의 나이로 세상을 떠나게 돼. 이때 공자 곁을 지킨 이는 수제자 격인 자공이야. 공자가 죽기 일주일 전에 찾아온 자공을 보

안연(顏淵)

공자가 가장 아낀 제자였어. 이름은 '안회(顏回)'인데, 자(字)인 '자연(子淵)'을 따서 '안연'이라고 부른 거야. (예전에는 이름을 소중히 여겨 함부로 부르지 않는 관습이 있었거든. 그래서 본이름 외에 부르는 이름이 따로 있었어.) 공자가 안연을 얼마나 아꼈는지는 《논어》를 보면 알 수 있지. (무려 20번이나 안회의 이름이 등장한다고 해.) 안회가 죽었을 때 공자는 "하늘이 나를 버리시는도다, 하늘이 나를 버리시는도다!"라며 탄식했고, 훗날 계강자가 "당신 제자들 중 누가 가장 실력이 좋습니까?" 하고 물었을 때 "안회만이 내 뜻을 알았습니다. 하지만, 지금은 죽고 없습니다." 하고 말하고 대성통곡한 일화는 아주 유명해. 안회는 가난한 집안에 태어나 공자 문하로 들어가 어려움 속에서 학문에 정진하다 안타깝게도 서른두 살의 나이로 요절했거든.

자공(子貢)

공연과 자로가 죽은 뒤에도 끝까지 살아남아 공자의 죽음을 지킨 제자야. 공자가 자공을 질투하지 않았을까 하는 생각도 들어. 자공은 언변이 뛰어나고 장사수완이 좋아 돈도 많이 벌었어. 공자를 경제적으로 많이 도운 제자였지. 정치적 수완도 특출해서 노나라와 위나라의 재상을 지내기도 했대. 생전에 공자가 이루고자 한 일을 자공이 다 해낸 셈이야. 개인적으로 공자-자공의 관계가 소크라테스-플라톤의 사제관계와 비슷하다는 생각도 들어. 자공은 공자가 죽은 뒤 6년상을 치렀는데, 이때 《논어》의 기초를 잡았다는 추측이 나오기 때문이지. 물론 《논어》를 정말로 누가 집필했는지는 아직도 미스터리야. 아무튼 내가 공자라면 제자인 자공에 대해 좀 불편한 마음이 들었을 것 같아.

공자가 꿈꾼 세상

며 공자는 탄식했지. 왜 이렇게 늦게 왔냐는 타박이 섞인 탄식이었어. 그러고는 그 유명한 마지막 노래를 부르지.

"태산이 무너지는가 대들보가 부러지는가 철인은 스러져 가는가(太山坏乎 梁柱摧乎 哲人萎乎)."

동아시아 최고의 철인(哲人)이 사라지는 순간이었어.

2장
《논어》의 가르침

《논어》를 읽기 전에

"반부논어치천하(半部論語治天下)."

거칠게 해석하자면, "논어 반 권으로 천하를 다스릴 수 있다"라는 말이야. 송(宋)나라 나대경(羅大經)이 쓴 《학림옥로(鶴林玉露)》에 나온 말인데, 이 말의 주인공은 송나라의 재상 조보(趙普)의 일화를 풀어 쓴 거야. 송나라 재상 조보가 태종 조광의 앞에 가서 한 말을 들어 봐.

"신이 평생 아는 바로는 정녕 이 말을 벗어나지 않으니, 옛날 '그 책'의 절반으로 태조(조광윤)를 보좌하여 천하를 평정하게 하였고, 지금은 그 절반으로 폐하를 도와 태평성대에 이르게 하겠습니다(臣平生所知, 誠不出此, 昔以其半輔太祖定天下, 今欲以其半輔陛下致太平)."

《논어》는 어떤 책일까?

여기서 '그 책'이 바로 《논어》야. 조보는 《논어》 한 권으로 송나라 건국을 도왔고, 이후 송나라의 문치주의(文治主義) 기틀을 다졌어. 이렇게 보면 대단한 사람 같은데(대단하긴 해!)

《논어》의 가르침

우리가 생각하는 참모나 책사처럼 공부를 많이 한 사람이라고 보긴 어려워. 정통 학자 출신이 아니고 책을 많이 읽은 사람도 아니었어. 조보가 죽은 뒤 그의 서가를 뒤져 보니 책 한 권이 나왔는데, 바로 《논어》였어. 똑똑하긴 하지만, 학식의 깊이는 없는 사람이라고 할까? 그렇지만 그가 최고의 전략가이자 송나라 건국의 일등공신이라는 건 부정할 수 없는 사실이야.

'송'이란 국호도 그의 머리에서 나왔고, 자고 일어나면 나라가 생기고 사라지던 오대십국(五代十國, 당나라가 멸망한 서기 907년부터 송나라가 건국되던 960년 사이에 수많은 나라가 생기고 사라졌거든) 시기에 조광윤을 보좌해 송나라를 건국하고, 뒤이어 조광윤의 동생 조광의를 보좌해 송나라의 기틀을 다졌으니, 얼마나 대단한 인물이야? 그런 그가 《논어》 반 권으로 천하를 평정했고, 나머지 반 권으로 천하를 안정시켰다고 말하는 거야. 이렇게 보면 《논어》가 정말 대단한 책 같지 않아? (어쩌면 조보가 그만큼 책을 안 읽은 사람이라는 증거일 수도 있겠지만.)

"정말 《논어》만 읽으면, 세상을 정복할 수 있는 건가요?"
"《논어》를 읽으면, 세상 돌아가는 이치를 다 알 수 있는 건가요?"

이런 상상과 기대를 할까 싶어 미리 말할게. 사실 《논어》의 내용은 별것 없어. 공자의 말과 제자들의 이야기를 묶어 놓은 책이거든. 비율로 따지면, 공자가 한 말이 45퍼센트 정도 되고, 공자 제자들의 이야기가 나머지 55퍼센트 정도를 차지하지. 게다가 《논어》는 공자가 쓴 책도 아냐.

《논어》가 언제 편찬됐는지, 누구 손에 의해 만들어졌는지에 대해서는 지금도 말이 많아. 공자의 제자 자공이 공자 사후 6년상을 치르는 동안 《논어》의 기초를 잡았다는 것부터 시작해 여러 학설이 있지. 아무튼 공자의 제자가 편찬했을 가능성은 큰 편이야. 오늘날 우리가 보고 있는 《논어》는 전국시대 말기에서 한나라 초기 즈음에 만들어졌다는 의견이 많아. 이렇게 본다면, 공자가 죽은 뒤 300여 년이 지난 후에야 그의 어록을 담은 책이 나왔다는 말이 돼. 그러니까 300년의 세월 동안 공자의 사상이 숱한 제자의 입을 통해서 전달된 셈이지.

"뭔가 특별한 게 있으니까 지금까지 읽히는 거 아니겠어요?"
"뭔가가 있으니까 조보도 《논어》를 가지고 천하를 평정하고 다스린다고 한 거겠죠."

이런 반론도 나올 수 있을 거 같은데…. 개인적인 의견이란 걸 전제로 《논어》를 평가해 볼게. 《논어》는 대단한 책이

《논어》의 가르침

긴 하지만, 이건 **'읽는 책'**이 아냐. 말장난 같아서 미안한데, 《논어》는 **"읽는 책이 아니라 깨치는 책"**이야. 이게 무슨 말인지 알겠어?

영화나 드라마를 보면 이야기의 흐름이 있잖아? 주인공이 등장하고 사건, 사고가 이어지잖아? 그것을 보는 우리는 주인공이 생각하고, 고민하고, 행동하는 걸 쫓아가기만 하면 돼. 우리가 앞에서 공부했던, 플라톤의 《국가》나 아리스토텔레스의 《니코마코스 윤리학》은 어려운 책이긴 해도 무슨 말을 하는 건지 '감'이 오잖아?

반면 《논어》는 여백이 많은 책이야. 예를 들자면 이런 거야. 《논어》의 시작을 알리는 그 유명한 '배움'에 관한 구절이 있어. 한 번쯤 들어봤을 거야.

"학이시습지, 불역열호(學而時習之, 不亦說乎)?"

거칠게 풀어 본다면, "배우고 때때로 그것을 익히면 또한 기쁘지 아니한가?" 정도로 풀이할 수 있어. 학문에 관해 이야기하는데, "이걸 배워야 하는 이유는 말이야…", "왜 공부해야 하느냐 하면…" 이런 이야기를 쓴 게 아니야. 밑도 끝도 없이 '배우고 익히면 즐겁지 않은가?' 하고 묻고 있어. 이걸 어떻게 받아들여야 할까?

"공부는 뭔가를 익히는 거다? 뭐, 그런 뜻 아닌가?"

"배우고 익히면 기쁘다는 이야기잖아! 넌 공부와 게임 중에 뭐가 더 좋아?"

"고… 공부?"

"거짓말하지 말고!"

"게임…."

《논어》는 구체적인 답이나 논리적인 설명을 해 주는 책이 아니야. 이 때문에 《논어》의 뜻을 풀이하는 수많은 해설서가 등장하게 돼. 대표적으로 주희가 지은 《논어집주(論語集注)》 같은 책이 있어. 《논어》를 자기의 생각과 신념으로 해석한 거지. 주희가 《논어집주》를 쓰기 위해 예비 작업으로 쓴 《논어혹문(論語或問)》을 보면, 배우면 즐거운 이유에 대해 이렇게 해석해 놨어.

"사람이 이미 배워서 알고 있고, 할 수 있게 되면, 자기가 알고 있는 도리와 할 수 있는 일에 대해 또 항상 반복하여 익히며 풀이하기를 마치 새가 나는 연습을 하듯 하게 되면, 배운 내용이 익숙해져 마음속으로부터 희열을 느

《논어》의 가르침

주희(朱熹)

성리학의 아버지야. 그의 이름을 따 성리학을 '주자학(朱子學)'이라고 부르는 것만 봐도 그 위상을 확인할 수 있지. 주희는 공자와 맹자와 같은 선현의 사상을 해석하고 주석을 붙였는데, 이게 하나의 학문으로까지 발전하게 돼. 이기론(理氣論), 심성론(心性論) 등등 우주의 이치와 인간의 본질을 독자적으로 규명한 사상을 담은 성리학은 이후 동아시아 사상계에 지각변동을 일으켰어. 지금까지 이어져 내려오는 '유교 문화'의 근간이 된 건 다 이런 이유가 있기 때문이야.

끼게 된다. 사람이 배우지 않으면 마땅히 알아야 할 이치를 알 수 없고 또 마땅히 해야 할 일을 할 수 없게 되니, 진실로 어둠 속의 길을 걷는 것과 같다. 그렇지만, 배우고도 익히지 않으면 안과 밖이 괴리되어, 배운 바의 도를 실현할 수 없으며, 익히되 항상 하지 않으면 공부에 중단이 생겨 익힌 성과를 이룰 수 없다. 그리하여 마음속으로는 애써 진보하려고 하더라도 또한 무미건조하고 생경하게 되어 그 맛을 음미할 수 없고, 위태하고 불안하여 안온한 경지에 이를 수 없다. 따라서 배우되 반드시 항상 익혀야만 그 마음이 이치와 서로 혼연일체가 되며 안 내용이 더욱 깊어져 몸과 일이 서로 평안해지고, 할 수 있는 바가 더욱 공고해져 조용히 아침저녁으로 성찰하는 중에서도, 배워서 알고 또 능하게 된 모든 것이 반드시 다 마음으로 자득할 수 있게 되어 남에게는 말로 설명할 수 없는 경지가 된다. 그러면 마음속으로부터 뿌듯한 희열을 맛보니, 최고로 맛있는 음식과도 그 맛을 비유할 수 없게 된다. 이것이 학문의 시작이다."

주희는 《논어》의 시작인 '학이편'의 첫 세 구절을 학문의 시작, 학문의 중간, 학문의 완성으로 해석했는데, 위 설명은 학문의 시작에 관한 내용이야. 무슨 말인지 이해가 돼?

"배우고 때때로 그것을 익히면 또한 기쁘지 아니한가?"

이 한 줄을 해석하기 위해 대체 몇 줄을 쓴 거야? 그런데도 이해하기 어렵지? 그건 《논어》가 일종의 아포리즘(aphorism, 진리를 짧고 간결하게 표현한 말. 격언이나 잠언을 뜻해) 같아서야. 아포리즘은 그나마 직관적이기라도 한데, 《논어》는 동양화의 '여백' 같은 글이라고 할 수 있어. 수묵화를 보면, 선 몇 개가 획획 지나갔을 뿐인데 산이 되고 난초가 되잖아? 선을 어떻게 표현했는지도 중요하겠지만, 여백을 어떻게 바라보느냐에 따라 감상하는 맛이 달라지지.

《논어》를 어떻게 읽어야 할까?

이처럼 《논어》는 비어 있는 '여백'을 어떻게 해석하느냐에 따라 보는 이마다 다르게 느낄 수 있는 책이야. 어렵지? 너무 겁을 준 것 같은데, 사실 쉬운 내용도 많아. 공자의 행적같이 그냥 보고 이해할 수 있는 내용도 많으니 너무 겁먹지

《논어》의 가르침

마. 여기서 강조하고 싶은 말은 이거야.

"《논어》란 책은 앞에서 공부했던 《국가》나 《니코마코스 윤리학》처럼 내용을 쫓아가며 읽는 책이 아니라, 한 구절 한 구절을 읽고, 생각하고, 깨치는 책이야."

어떻게 보면 한없이 어렵지만 쉽게 생각하면 쉬워지는 게 《논어》야. 우리가 이전 책에서 배운 철학의 진리가 뭐야?

"왜?"

바로 이 질문을 던지는 거잖아? 《논어》는 '왜'를 훈련하는

이게 대체 무슨 뜻일까?

최고의 교과서라고 할 수 있어. 한 구절을 읽을 때마다 그 내용을 고민해 보고, 스스로 질문을 던지는 거지.

"공자가 왜 이런 말을 했을까?"
"제자들은 왜 이런 걸 질문했을까?"
"내가 이런 상황이라면 어떻게 했을까?"

이런 질문을 통해 여백을 자기만의 방식으로 채워 나가면, 비로소 《논어》의 의미가 보이기 시작해. 개인적인 의견이지만, 《논어》는 나이대에 따라 읽는 '느낌'이 달라져.

10대 때 읽는 논어와 20대 때 읽는 논어가 다르고, 30대 때 읽는 논어와 40대 때 읽으며 느끼는 깊이가 달라. 똑같은 구절인데 인생의 경험이 깊어지면 전혀 새로운 깨달음을 얻을 수 있어. 이전에 깨달은 것과 인생을 살아가면서 새로 경험한 것들이 화학작용을 일으키듯 늘 새롭게 다가오지.

고전(古典)으로 불리는 책들이 그렇긴 한데 특히나 《논어》를 비롯한 동양 고전의 경우, '여백'을 바라보는 눈이 경험과 경륜을 통해 넓어지면 넓어질수록 깨달음의 깊이와 폭이 더해지는 것 같아. 《논어》 같은 책을 평생 곁에 두고 계속 읽을 수 있는 이유랄까?

《논어》의 가르침

《논어》의 핵심

《논어》의 목차를 먼저 살펴볼까? 논어는 총 20편으로 이루어져 있어. 편마다 제목이 붙어 있는데, 거창한 뜻이나 의미를 담은 건 아냐. 그냥 각 편 첫 단락 중 '선생님께서 말씀하시길'이란 뜻의 '자왈(子曰)'을 제외한 첫 구절이 제목이 된 거야.

"정말요? 그렇게 간단해요?"

《논어》는 크게 상론(上論) 10편과 하론(下論) 10편으로 나눌 수 있어. 그런데 상론과 하론은 다른 사람이 쓴 게 아닌가 하는 의구심이 들게 해. 상론 10편은 문장도 간략하고, 글자 수도 적어. 반면 하론 10편은 문장이 길고, 글자 수도 많지. 이 때문에 하론 10편에 대해 진위 논쟁이 지금까지 이어지고 있지. 그렇긴 해도 20편 전부를 《논어》라고 배우고 공부해 왔으니 여기에 어떤 내용이 담겨 있는지 간략하게나마 정리하고 넘어가 볼까?

《논어》의 구성

상론 上論

《논어》 상론의 내용

● **제1편 학이(學而)** 우리에게 잘 알려진 '학이시습지(學而時習之)'라는 문장으로 시작해. 배움과 사람으로서 갖춰야 할 근본에 대해 말하고 있어. 이것만 봐도 왜 '학이편'인지, 논어의 목차가 어떻게 이뤄지는지 알 수 있겠지?

● **제2편 위정(爲政)** 바른 정치에 관한 이야기가 주를 이뤄. 위정편은 '덕치(德治, 덕으로 다스린다)'에 관한 내용으로 시작해. 첫 구절이 "위정이덕, 비여북진거기소, 이중성공지(爲政以德, 譬如北辰居其所, 而衆星共之)"라고 나와 있어. 이걸 해석해 보면, "덕으로 정치를 한다는 건, 마치 북극성이 제자리에 있고, 많은 별이 그것을 중심으로 둘러싸는 것과 같다"는 뜻이야. 뭔가 느낌이 오지 않아? 춘추전국시대처럼 피로 피를 씻어 내는 시기를 극복하겠다는 공자의 생각이 손에 잡히는 것 같지? 공자는 과거로 돌아가고 싶어 했던 거야. 천자를 북극성으로 세워 놓고, 제후들과 대부 그리고 선비들을 그 주변에 잘 배열해 놓겠다는 의지가 보이지 않아? 혼란한 시대를 정리하겠다는 뜻은 좋지만, 어떤 면에선 뜬구름 잡는 소리 같기도 하지?

● **제3편 팔일(八佾)** 앞에서 나라의 큰 제사 때 추도록 하는 천

《논어》의 가르침

자의 무악을 '팔일무'라고 한다는 것 얘기했지? '일(佾)'이 '열(列)'을 뜻한다는 것도 기억날 거야. 노나라 계씨는 제후의 신하였으므로 16명 규모의 춤으로 끝내야 하는데, 감히 64명을 동원하는 천자의 무악을 자기네 집에서 펼친 거야. 예를 중요하게 생각하는 공자가 이걸 그냥 넘어갈 리 없지. 팔일편의 첫 구절을 보면, "공자위계씨. 팔일무어정, 시가인야, 숙불가인야(孔子謂季氏. 八佾舞於庭, 是可忍也, 孰不可忍也)"라고 나와 있어. "공자께서 계씨를 평하길, 팔일의 춤을 그 집 뜰에서 추게 했다. 그것을 용인한다면, 세상에 용인할 수 없는 일이 무엇이 있으랴"라는 의미야. 공자는 예를 어긴 행위 자체보다 그런 상황까지 가게 된 마음가짐의 문제를 꾸짖는 거야. 공자는 팔일편을 통해 예(禮)와 비례(非禮)에 관한 이야기를 하고 있어.

• **제4편 이인(里仁)** 공자가 가장 많이 다루는 '인(仁)'에 관한 이야기를 하지. 이때부터 바른생활 사나이 공자의 본모습이 나오기 시작해.

• **제5편 공야장(公冶長)** 공자의 사위이자 제자인 공야장에 관한 이야기로 시작되는데, 당시 유명 인사들에 대한 평가가 실려 있어. 이전까지는 '자왈(子曰)'로 시작했는데 공야장편의 첫 구절은 '자위(子謂)'로 시작해. '위(謂)'란 글자에는

《논어》의 핵심

'평한다'는 의미가 있어. 그러니까 '공자께서 공야장을 평
한다'라는 뜻이 돼. 공야장편에는 인물을 평한 내용이 많
아. 이 때문에 후대 학자들은 공
야장편은 십중팔구 자공이나
그 제자들이 썼을 거라고 생
각하고 있어. 자공이 살아

생전 인물 평하길 좋아했거든.

● **제6편 옹야(雍也)** 옹야편은 전반부와 후반부로 나눌 수 있
는데, 전반부는 공야장에 이어 인물 평가야. "자왈, 옹야
가사남면(子曰, 雍也可使南面)"으로 시작하는데, 여기서 옹
은 공자의 제자 염옹(冉雍)이야.

― 하론(下論)

공자는 짧지만 묵직한 평가를 했어. "옹은 남면(南面)하게 할 만한 사람이다." 여기서 '남면'은 엄청난 말이야. '남쪽으로 본다', '남쪽을 향한다'는 의미인데, 보통 황제가 신하들을 모아 놓은 행사를 할 때 천자는 남쪽을 향하고, 신하들은 북쪽으로 고개를 조아려. 그러니까 공자는 염옹이 천하를 품을 만한 덕이 있다고 평가한 거야. 한마디로 말해 '군자(君子)'라는 얘기야. 이런 전반부 인물평에 이어 후반부는 '올바로 아는 것'에 관한 이야기가 이어져.

● **제7편 술이(述而)** 술이편은 남을 가르치는 것에 관해 설명해. 술이편 시작은 "술이부작, 신이호고, 절비어아노팽(述而不作, 信而好古, 竊比於我老彭)"인데, "옛것을 익혀서 전해 주기는 하되, 창작하지는 않으며, 옛것을 믿고 좋아하니, 남몰래 나를 노팽에 견주어 보노라"라는 뜻이지. 여기서 처음에 나오는 '술이부작(述而不作)'이 핵심이야. '술(述)'은 선현의 말을 전하는 것이라고 설명할 수 있어. 서술한다고 생각하면 돼. 뒤이은 '부작(不作)'은 새로운 것을 저술하지 않는다로 해석할 수 있지. 공자의 복고(復古, 옛날로 돌아간다) 정신이 다시 드러나고 있는 셈이야. 지금까지 살펴본 공자가 상당히 보수적인 면모를 보인다는 걸 느꼈을 텐데, 이 대목은 그 백미(白眉)라고 할 수 있어. 공자는 선현의 학문을 존중한 까닭에 새로 창작하는 것보다 옛것을 서

《논어》의 가르침

술하는 것에 집중했어. 이게 공자의 학문 방향이야. 이건 제2편 위정(爲政)편에 나오는 온고이지신(溫故而知新)과 맥을 같이하지.

여기서 언급되는 '노팽'은 상나라의 현명한 대부라는 사람도 있고, 팽조(彭祖)를 가리킨다는 사람도 있고, 혹은 노자(老子)와 팽조(彭祖)라고 말하는 이들도 있어. 한마디로 말하자면 누군지 잘 모른다는 소리야. 핵심은 공자의 '학문 방향'이야. 공자는 책을 쓴 적이 없어. 그저 선현의 글을 정리했을 뿐이야. 그가 지은 책으로 알려져 있는 《춘추(春秋)》도 사실은 역사서야. 그러니까 창작한 게 아니란 소리지. 공자는 술이편에서 자신이 '창작'하지 않은 걸 굉장히 자랑스러워해. 남들은 알지 못하면서도 창작하지만, 자신은 그런 적이 없다고 당당하게 말하는 거야. 요즘의 관점으로 보면 이해하기 어려운 대목이야. 하지만 '술이부작'이 동양 역사 편찬에 끼친 영향은 지대했어. 역사를 편찬할 때 서술하되 창작하지 말라는 원칙이 세워진 거니까 말이야. 역사를 서술하는 이들이 지켜야 할 첫 번째 원칙이자, 가장 중요한 원칙이 이렇게 만들어진 거야.

● **제8편 태백(泰伯)** 태백편은 한마디로 공자의 '꿈'을 담은 청사진이라고 할 수 있어. 공자가 구상한 이상적인 정치상을 설명하는 거야. "태백은 가히 최고의 덕을 지녔다고 할

수 있다"라는 내용으로 시작해. 이건 당시의 역사를 모르면 이해할 수 없는 이야기야. 간단히 설명하자면, 주나라는 무왕이 상나라를 엎어 버리고 일으킨 나라였어. 무왕의 아버지인 문왕에게는 두 명의 형이 있었는데, 태백(泰伯)과 중옹(仲雍)이었어. 이 세 형제의 아버지가 태왕(太王)이야. 이때까지만 하더라도 주나라는 상나라에 조공을 바치던 상황이었어. 태왕은 내심 셋째 계력(季歷)이 나라를 물려받았으면 했는데, 장자 승계의 원칙이 걸려서 결정을 내리지 못하고 있었지. 이런 사실을 안 태백과 중옹은 오(吳)나라로 도망을 가. 이후 태왕이 죽어도, 계력이 태백을 찾아도 한사코 돌아가지 않았어. 이런 역사를 언급하며 공자는 태백의 덕을 칭송한 거야. 공자가 생각하는 이상적인 정치상이 어떤 건지 대충 감이 잡히지?

● **제9편 자한(子罕), 제10편 향당(鄉黨)** 이건 공자의 생활상과 행동거지를 기록한 내용이야. 시작을 보면 바로 알 수 있지. "자 한언리여명여인(子 罕言利與命與仁)." 이건 "선생님께서는 이익을 말하는 경우가 매우 드물었고, 설사 이익을 말할 때라도 반드시 천명에 관련되거나 인의 도에 관련된 경우에 한하셨다"라는 뜻이야. 도덕 교과서 같은 내용이라고도 볼 수 있어.

《논어》의 가르침

하론 下論

- 제11편 선진(先進) 공자가 자기 휘하에 있는 제자들의 장단 《논어》하론의 내용
점을 평가한 내용이야.

- 제12편 안연(顏淵) 공자의 수제자이자 애제자인 안연에 관한
이야기, 그리고 공자와 제자들의 문답으로 구성돼 있어.

- 제13편 자로(子路) 공자와 늘 티격태격 싸웠던 제자 자로에
관한 이야기야. 안연편과 마찬가지로 공자와 제자들의 문
답이 이어져.

- 제14편 헌문(憲問) 공자의 제자인 원헌(原憲)이 치욕에 관해
묻는 걸로 시작해. 공자의 가르침, 제자들의 질문과 공자
의 대답이 이어지지.

- 제15편 위령공(衛靈公) 잠언, 명언과 같은 글이 이어져. 위나
라 영공이 공자에게 군대의 진법에 관해 물어보자 공자가
'예의에 관한 건 조금 배웠지만, 전쟁에 관한 건 배우지 못
했다'라고 말하고는 다음 날 위나라를 떠난 내용으로 시작
해. 은근히 무릎을 '탁' 치게 하는 이야기가 많이 있어. "이
걸 어쩔까요? 저걸 어쩔까요? 하고 물어오지 않는 사람은

《논어》 제15편 위령공편

나도 어쩔 방법이 없다"라고 말하는 대목을 보면, 피식 웃
음이 나오지.

● **제16편 계씨(季氏)와 나머지**   노나라 대부 계강자(季康子)에 관
한 이야기야. 제15편 위령공편까지는《논어》의 '본편'이라
고 할 수 있고, 제16편 계씨편부터 시작해서 이어지는 양
화(陽貨)편, 미자(微子)편, 자장(子張)편, 요왈(堯曰)편들은
일종의 부록 같은 느낌이야. 이 다섯 편은 공자가 직접 언
급했다기보다는 후세에 회자하던 이야기를 수집해서 썼
다고 볼 수 있어.

여기까지가 논어의 대략적인 내용이야. 처음부터 끝까지

《논어》의 가르침

이야기가 이어지며 전개되는 방식이 아니라는 점을 알 수 있지? 그렇다면 우리는 《논어》를 어떻게 읽어야 할까? 우선 《논어》의 격언이나 명언 같은 부분을 간추려서 읽는 방법이 있어. 《논어》는 처음부터 꼼꼼하게 읽을 필요가 있는 책이 아니기 때문에 펼친 다음 내키는 구절부터 읽어도 전혀 지장이 없거든. 우연히 펼친 한 구절이 인생의 이정표가 될 수도 있어.

다음으로 《논어》를 통해 공자의 철학과 유교 문화를 이해하는 자세로 읽는 방법도 있어. 물론 이렇게 공부하려면 작정하고 한 글자 한 글자를 음미하면서 읽어야 해. 공자의 생각을 더듬어 간다고 해야 할까? 지금 우리가 이 방법으로 《논어》를 읽기는 어렵겠지?

그러니까 이제부터는 《논어》에서 중요하다고 생각하는 핵심 개념을 추려 내고 그 개념의 의미를 설명하는 방식으로 공자의 사상에 접근해 볼까 해. 순서를 먼저 설명할게.

《논어》의 핵심 개념

첫째, 정명(正名)

둘째, 인(仁)

셋째, 충서(忠恕)

공자 하면, 당연히 충성이나 효 같은 말이 먼저 나올 것 같았는데, 좀 의외지? 자, 이제부터 하나씩 살펴보자.

《논어》의 핵심

정명(正名), 바른 이름이란?

❶ 자로가 공자에게 물었다.

"위나라 임금이 선생님을 모시고 정치를 한다면, 선생님께서는 무엇을 먼저 하시겠습니까?"

"그야 물론 이름을 바로 잡는 일(正名)이다."

"정말 세상 물정 모르는 선생님이시네. 하필 그걸 바로잡는다는 말씀입니까?"

"멍청하구나, 자로야! 군자는 자기가 알지 못하는 것에 대해서는 입 다물고 가만히 있는 거야. 만약 이름이 바르지 않으면 주장이 정연하지 못하고, 주장이 정연하지 못하면 정사(政事, 나라를 다스리는 일)가 제대로 이루어지지 못해, 정사가 제대로 돌아가지 않으면 예악(禮樂, 예법과 음악)이 베풀어지지 못하고, 예악이 베풀어지지 못하면 형벌이 바르게 적용되지 못하고, 형벌이 바르게 적용되지 못하면 백성들은 무엇을 어떻게 해야 좋을지조차 모르게 된다. 그런 까닭에 군자는 이름을 붙였으면 반드시 주장과 연결할 수 있어야

《논어》의 가르침

하고, 주장했으면 반드시 실행에 옮길 수 있어야 한다. 군자
는 자기주장에 대해 애매한 태도를 취하지 않는 법이다."

— 《논어》자로(子路)편 중에서

❷ 제나라 경공이 공자에게 이상적인 정치에 관해 묻자 공
자가 말하길,

"임금은 임금다워야 하고, 신하는 신하다워야 하며, 아비
는 아비다워야 하고, 자식은 자식다우면 됩니다."

— 《논어》안연(顔淵)편 중에서

❸ "모난 술잔(觚)이 모나지 않으면, 모난 술잔이라 할 수 있
겠는가? 모난 술잔이라고 할 수 있겠는가?"

— 《논어》옹야(雍也)편 중에서

《논어》에서 정명(正名) 사상을 설명하는 대표적인 구절
3개를 뽑아봤어. 읽고 무슨 말인지 알아듣겠어? 이해를 돕기
위해 보조 설명을 조금 할게. ❶에서 공자가 예악을 강조하
잖아? '악(樂)'은 음악이란 뜻과 더불어 즐거움이라는 뜻도 있
어. 그러니까 공자의 예악사상을 거칠게 풀이한다면 즐거운
음악과 함께 남을 배려하며 예를 중시하는 것으로 해석할 수
있어. ❷는 앞에서 이미 이야기했으니까 대충 감은 잡힐 테
고, ❸은 무슨 말인지 도통 모르겠지? 여기서 '모난 술잔'으로

공자의 정명론

정명(正名), 바른 이름이란?

나오는 '고(觚)'는 사각형으로 된 술잔을 말해. 사각형 술잔에 '각'이 없다면, 이건 '고(觚)'가 될 수 없다는 말이야.

"설명하고 나니 너무 당연한 말인가?"
"그러게요. 당연한 말을 공자가 하는 이유가 뭐예요?"
"결국 자식은 자식다워야 한다. 너희는 게임보다 공부나 열심히 해라. 그런 거 아녜요?"

다들 어려워하는 것 같으니까 결론부터 먼저 말할게. 혹시 '명실상부(名實相符)'란 말 들어 봤어? 이름과 실상이 꼭 맞아떨어진다는 의미지. "TV에서 맛집을 소개하는 것을 보고 가 봤는데 알고 보니 순 광고였어." 이런 경험 없어? 인터넷에서 유명한 파워블로거가 추천하는 음식점에 갔는데, 실상은 화학조미료와 설탕 범벅이고 서비스도 엉망인 식당일 때가 있잖아. 이럴 때 기분이 어떨까?

공자가 말하는 '이름을 바로 잡는 일(正名)'이란 게 바로 이럴 때 필요한 거야. 소문난 맛집이 사실은 허울뿐인 경우 어떻게 해야겠어? 방법은 두 가지야. **첫째**, 이실정명(以實正名)이야. 실제 상황에 맞게 이름을 고치는 거지.

"기대하고 왔더니 이게 뭐야? 맛은커녕 서비스도 나쁘잖아!"
"맛집이 아니니까 맛없는 집으로 이름을 고쳐!"

《논어》의 가르침

어때? 맞는 말이지? 맛집이라는 이름과 실상이 다르다면 맛집이라는 이름을 쓰지 말아야지. 그런데도 계속 쓴다면? 그건 사기야. 최소한 사기를 치지 않으려면 방법이 있어. **둘째**, 이명정실(以名正實)이야. 이름에 맞춰 실제 상황을 고치면 되는 거야.

"맛집이라고 기대하고 오신 손님들 눈높이에 맞추지 못했습니다. 노력해서 이름에 걸맞은 식당이 되겠습니다!"

무슨 말인지 알겠지? 새로운 조리법을 개발하고, 위생 상태를 점검하고, 서비스를 개선하는 노력이 모이면, 맛없는 집이라도 맛집으로 변할 수 있어. 즉 이름에 맞게 자신의 현실을 고쳐 나가는 거야.

자, 이런 상황에서 어떤 명실상부(名實相符)를 선택해야 할까? 공자는 이명정실(以名正實)의 방법론을 주장했어. 지금까지 이 책을 제대로 읽었다면 이해가 갈 거야. 주나라의 종법 제도는 무너진 지 오래고, 세상은 약육강식(弱肉强食)의 논리로만 돌아가던 시대였지. 피로 피를 씻는 시대를 끝낼 방법으로 공자는 이름에 맞는 '실(實)'을 채워야 한다고 역설한 거야. 공자는 이름이 바르지 못한(名不正) 시대를 살았기에 이걸 올바르게 고치려고 했어. 땅에 떨어진 도덕과 윤리를 끌어올리려고 한 이유를 이제 알겠지? 공자는 이름에 걸

맞은 노력을 해서 실질을 채워 나가면, 세상이 아름다워질 거라고 믿었던 거야.

간단한 예를 하나 들어 볼게. 길을 지나가는데 처음 본 사람이 널 때렸어. 참으려고 했는데 그 사람의 주먹질이 거세져서 위협을 느끼고는 맞받아친 거야. 그런데 경찰은 네가 주먹을 날리는 모습만 봤어.

"저 사람이 먼저 절 때렸어요! 죽을 것 같아 주먹을 휘둘렀는데… 그, 그래요! 이건 정당방위예요!"

"무슨 소리야? 경찰 아저씨, 아까 봤죠? 저 사람이 날 때렸잖아요! 보세요. 눈에 멍든 거. 이건 폭행이에요, 폭행!"

"아니, 이 사람이! 당신이 먼저 때렸잖아!"

"어허, 생사람 잡네!"

아닌 밤중에 홍두깨라고, 널 다짜고짜 때린 사람이 오리발을 내미는 상황이야. 그런데 넌 돈이 없어서 변호사를 선임하지 못한 반면 상대방은 재력가의 자식이었던 거야. 결국 넌 폭행범이 됐고, 널 때린 사람은 정당방위로 풀려나게 됐어. 이건 명백히 잘못된 거잖아? 너는 폭행범이란 이름 대신 '정당방위'란 이름으로 풀려나야 정상이고, 널 때린 사람이 폭행범이란 이름을 가져가는 게 맞아.

이처럼 '이름'이 바로 서지 않으면, 사회가 혼란스러울 수

《논어》의 가르침

밖에 없다는 게 공자의 주장이었어. 나라를 잘 다스리기 위해서는 우선 '이름'을 바로 세우는 게 중요하다고 본 거야. 그렇다면 '이름'을 어떻게 바로 세워야 할까? 우선 그 '이름'을 제대로 알아야겠지. 당연한 거 아냐? '이름'의 본뜻을 모르는데, 그 실질을 채워 나간다는 게 말이 돼?

이쯤에서 우리가 유교 하면, 떠올리는 '효도'와 '충성'에 관한 이야기를 해 볼까 해. 우리나라에서는 유교 하면 바로 떠올리는 덕목들이지. 과연 우리가 효도와 충성에 관한 '본뜻'을 알고 쓰고 있는지 되새겨볼까? **효도와 충성**

우선 '효(孝)'에 관한 공자의 견해를 살펴보기로 해.

"부모는 오직 그 자식의 질병만 근심하는 법이다."
"요즘 말하는 효(孝)는 봉양을 잘하는 것에 불과하다. 개나 말들도 집 안에서 봉양을 하고 있지 않은가? 우리가 부모를 공경하지 않으면 개나 말들과 무엇이 다른가?"
"(부모님 마음속의) 불편함이 무엇인지를 살펴야 한다."

제자들이 공자에게 효에 관해 묻자 공자가 답한 내용이야. 《논어》에서 '효'에 관해 정의한 내용을 정리한 거지. 우리는 효도라고 하면 "부모님께 잘해 드리면 되는 거 아냐?

정명(正名), 바른 이름이란?

용돈 좀 넉넉히 드리고, 좋은 곳에 모시고 가서 맛있는 음식
도 대접하고 말이야." 이렇게 단순하게 생각하는 경향이 있
는데, 이건 공자가 생각하는 효도와는 거리가 있어.

"부모님께 맛있는 거 대접하는 게 효도가 아니면 뭐지?"
"생각해 봐. 열심히 노력한 게 아니라 누군가를 사기 쳐서
번 돈이라면?"
"어? 그렇구나. 그래도 부모님 대접하는 게 나쁜 건 아니
잖아!"
"지명수배되어 도망 다니면서 부모님 걱정하게 하는 건?"
"…."
"제일 중요한 건 부모님의 마음을 편하게 해 드리는 거야."

이제 알겠지? 《논어》에 나온 효도(孝道)의 정의는, "자식들
이 어버이를 공경하고 잘 섬기는 것"이야. 그런데 책에 직접
나오지 않은 효도의 가장 중요한 철칙이 하나 있어. 바로 자
식의 건강이야. 앞에서 공자가 한 말 봤지? '부모는 오직 그
자식의 질병만 근심하는 법이다'라고 했잖아. 혹시 '내리사
랑'이란 말 들어 봤어? 사전적 의미는 손윗사람이 손아랫사
람을 사랑한다는 건데, 대표적인 게 부모의 사랑이야. 그게
과연 뭘까?

"내 자식의 안녕과 건강."

진정한 효도란
무엇일까?

바로 이거야. 한번 기억을 떠올려 봐. 내가 아플 때 부모님의 반응이 어땠어? 당신 몸 아플 때보다 더 걱정하면서 간병해 주시잖아. 머리맡에서 내가 잠들 때까지 같이 있어 주고, 수시로 내 상태를 확인하며 안절부절못하시는 모습. 그게 바로 부모의 마음이지. 이런 모습을 보면, 우리가 할 수 있는 가장 확실한 효도가 뭔지 나오지? '건강'을 지키는 거야. 우선 내 몸의 건강을 확실히 챙겨서 부모님의 걱정을 덜어드리는 것이 기본이지.

"내 몸 챙기는 게 어떻게 효도가 돼요?"

"부모님은 네가 아프지 않는 걸 더 기뻐하신다. 그러니 부모님이 기뻐하시는 걸 우선하는 게 맞지 않겠느냐?"

"그럼, 크게 성공해서 부모님을 모신다면요?"

"정말 기쁜 마음으로 하는 것이냐?"

"기뻐해야 해요?"

"마음에서 우러나오지 않는 것이 효도겠느냐?"

우리가 이제까지 알고 있던 '효도'와 느낌이 좀 다르지? 말로는 쉬워 보이지만, 이를 실천하는 건 전혀 다른 문제야. 정명(正名)이란 게 무척 간단해 보이지만, 사실은 시작부터

《논어》의 가르침

가 난감해. 우선 그 '이름'의 정확한 뜻을 공부하고, 깨달아야 하니까. 그런 다음 쌓은 지식을 그대로 실천해야 해. 그래야지만 이름과 실질이 같아지는 거야. 만약 실천하지 않는다면? 그건 효도라 부를 수 없겠지?

같은 의미로 충(忠)에 관해 이야기해 볼까 해. 너희는 충성을 뭐라고 생각해?

"나라에 충성하는 거 아니에요? 목숨 바쳐 나라를 위해 헌신하는 거. 그게 애국이고…."
"모시는 사람에게 의리를 끝까지 지키는 거 아니에요? 아니면 배신이고…."

과연 그럴까? 그게 공자가 말한 충성일까? 공자의 말씀을 들어 봐.

"임금은 신하를 부릴 때는 예에 따라야 하고, 신하가 임금을 섬길 때는 충(忠)해야 한다."
"충직하고, 신실하도록 노력하고, (덕이) 나보다 못한 사람과 사귀지 말며, 잘못했으면 고치기를 꺼리지 말라."
"진실로 사랑한다면 노력하도록 그를 분발시켜 주지 않을 수 있겠는가? 그에게 충심을 다한다며 그의 잘못을 깨우쳐

주지 않을 수 있겠는가?"

　어때? 우리가 알고 있는 '충성'과 좀 다르지? 지금까지 우리 사회에서 말하는 충성이라는 건, "윗사람을 추종하며 따르는 것" 정도로 인식됐어. 오죽하면 조직폭력배들이 자기 두목의 말을 따라 나쁜 짓을 하고 감옥 안에 들어가는 것도 충성이라고 했겠어?

　"뭐, 죄는 나쁘지만 의리 있네!"
　"두목 이름을 끝까지 불지 않았다면서? 자식, 조직에 충성을 다했네. 괜찮은 녀석이야."

　이런 식으로 말했지. 그런데 이건 충성이 아니야. 우리가 지금까지 잘못 알고 있었던 거야. 공자가 보기엔 '이름'을 제대로 공부하지 않은 거지. 우리가 이제껏 알아 왔던 충성은 이름을 잘못 붙인 거야. 공자가 말하는 충성을 살펴봐.

　"왕이면, 신하를 마음대로 대해도 되는 줄 아느냐? 왕이 신하를 대할 때는 예를 다해야 한다. 그래야만, 신하들로부터 충성을 받는 것이다! 자기는 예를 다하지 않으면서 충성을 요구한다? 이건 도둑놈 심보고, 갑질이다, 갑질!"
　"아니, 그래도 윗사람에게 마음을 다하고, 국가를 위해 헌

　《논어》의 가르침

신하는 건 옳은 일이잖아요?"

"충성이란 윗사람을 맹목적으로 따른다는 개념이 아니다. 충(忠)의 본뜻은 진심을 다해서 대하는 것, 정성을 다하는 것이다."

"정성을 다하는 것이 충의 본뜻이라고요?"

"그래! 정성을 다한다! 이걸 알고 있다면, 조직폭력배의 의리를 충이라고 볼 수 없다. 두목을 정말로 사랑하고 아낀다면, 가장 좋은 일이 뭔가를 고민하게 된다. 그렇다면, 조직을 해체하고, 손 씻고, 같이 사회에서 어울려 살아갈 방법을 찾지 않겠는가? 앞에서 내가 말했다. '진실로 사랑한다면 노력하도록 그를 분발시켜 주지 않을 수 있겠는가?' 하고 말이다. 두목에게 정말 충성을 다한다면, 그의 잘못을 일깨워 줘서 올바른 길로 갈 수 있도록 해야 하는 것이다!"

우리는 지금까지 충성을 윗사람을 따르는 것으로 이해했지만, 공자가 말한 충의 개념은 '상대적인' 거였어. 왕이 예를 다해 대하지 않는데, 그런 왕에게 충성을 바쳐야 할까? 아니야. 기본적으로 '충(忠)'이란 개념은 타인을 향한 게 아니라(그러니까 외부로 향한 게 아니라) 자신을 향한 거야. 한마디로 이런 거야.

진정한 충성이란 무엇일까?

"진심을 다한다."

정명(正名), 바른 이름이란?

친구가 잘못된 습관을 지지고 있어. 예를 들면, 아무 데나 침을 뱉는다고 해 봐. 내게 큰 피해를 주는 게 아니니까 괜히 말을 꺼내 친구와 다투고 싶지 않아. 그래서 모른 척 넘어간다면? 이건 충심이 아냐. '진심을 다해' 그 친구의 잘못된 습관을 고치도록 하는 게 그 친구를 위한 길이야.

자, 이제 '효도'와 '충성'의 본 의미를 알겠지? 공자의 정명 (正名)을 생각하면 돼.

"쉽네요, 학생이니까 학생답게 행동하면 되는 거잖아요!"
"그래서 넌 학생다운 행동을 했어?"
"그…런 거 같은데?"
"네가 생각하는 학생다움의 정의가 뭐야?"
"일단 열심히 공부하고…."
"수업 빠지고, 게임에만 빠져 있는데도?"
"학생(學生)이라는 '이름'을 먼저 공부해야겠구나. 시작은 거기부터야."

우리가 당연하게 생각해 왔던 '효'와 '충'도 공자가 말한 것과 다르게 이해하는데, 우리가 세상에서 마주하는 수많은 '이름'의 본뜻을 제대로 알고 있다는 보장은 없어. 의미를 안다고 해서 그걸 실천으로 옮기기란 쉽지 않지.

2024년 12월 3일 윤석열 대통령이 선포한 비상계엄은 친위쿠데타이자 대한민국의 안위를 뒤흔드는 내란이었다. 14일 국회 앞에 모인 시민이 "윤석열 OUT 위헌정당 해산!"이라는 문구가 적힌 피켓을 들고 시위하고 있다.

대통령은 대통령다워야 하고, 국회의원은 국회의원다워야 해. 그러나 12.3 내란을 봐. 윤석열 대통령은 비상계엄을 선포하고 군대를 동원해 국회를 무력화하려고 했어. 그뿐이 아냐. 북한을 자극해 국지전을 유도하려 한 정황도 속속 밝혀지고 있어. 이런 내란수괴를 대통령으로 인정할 수 있을까? 12월 7일 수많은 시민이 국회 앞에서 대통령 탄핵을 외치는 가운데 탄핵소추안 표결에 불참한 105명의 국민의힘 의원은 또 어떻게 봐야 할까?

그래서 우리 삶엔 공부가 필요한 거야. 교과서로 배우는 민주주의가 정말 제대로 작동하는지 알아야 하니까. 청소년이 시민으로 평등하게 존중받는 사회를 이루기 위해 "왜"라는 질문을 끊임없이 던지길 바라.

정명(正名), 바른 이름이란?

6

올바른
인간관계

공자가 평생 설파한 그의 사상을 단 한 글자로 정리하자면 뭘까?

"인(仁)"

인을 강조한 공자   기독교에 '사랑'이 있고, 불교에 '자비'가 있다면, 유교에는 '인'이 있어. 인은 최고의 도덕적 덕목이고, 한 사람의 가치를 평가하는 가장 확실하고, 절대적인 기준이야. 공자 사상의 핵심이라고 해야 할까? 《논어》에서 '인(仁)'이란 글자는 정말 많이 등장해. 수시로 '출몰'한다고 해야 할까? 제자들과 사람들이 인에 대해 끊임없이 물어 오고, 공자는 그때마다 인에 관해 설명하고 답을 줘. 또한 인을 기준으로 사람들을 평하기도 하지.

"달랑 한 글자인데, 이게 공자 사상의 핵심이라고?"

"인(仁)은 '어질다'라는 뜻 아냐? 어질게 사는 게 다라고?"

뭐, 이렇게 생각할 수도 있는데, 원래 진리는 단순해. 겉으로 보면 단순하지만, 한 발 들어가면 그때부터 복잡해지지. 그러니까 '어질다'라는 의미로만 인을 바라봐서는 안 돼.

"인(仁)이란 내가 이룬 것은 남도 함께 이루도록 해 주고, 내가 아는 것은 남에게도 알려줘 함께하는 것이다. 내 주변에서 '함께하기'를 실천할 수 있다면 그게 인을 이루는 방법이다."

"인(仁)이란 곧 주변 사람을 아끼는 것이다."

"인(仁)이 어디 멀리 떨어져 있다더냐? 아니다. 내가 상대방을 안타까워하며 손을 내미는 순간, 그 자리에 인이 깃든다."

《논어》에서 인을 설명하는 대목이야. 주변 사람에게 함께하기를 실천하고, 주변 사람을 아끼고, 상대방이 힘들 때 손 내밀어 주는 게 바로 인(仁)이야. 공자는 우리가 인간의 훌륭한 '덕목'이라 생각하는 모든 것의 최고봉에 인을 올려놨어. 효(孝), 충(忠), 지(智), 용(勇), 예(禮)를 포함해서 유교가 내세

올바른 인간관계

우는 모든 훌륭한 덕목 중 인(仁)을 으뜸으로 봤다는 거지. 인이란 어렵게 보면 한없이 어렵고, 쉽게 보면 정말 간단하기도 해.

나는 인(仁)을 **"함께하는 삶"**이라고 생각해. 이 책 도입부에 유교 문화권 사람들의 특징을 설명하면서, "수많은 관계 속에서 마땅히 지켜야 하는 '의무'를 지니고 있는 **관계적 존재**"라고 말했던 것 기억나? 인간은 사회를 이루고 살지. 그러니까 사람들과 어떻게 관계를 맺는가는 정말 중요해.

인간관계에 무슨 문제라도 있다면 어떨까? 같은 반에 앙숙인 친구가 있다고 해 봐. 무슨 문제든 사사건건 마찰을 일으키고, 싸운다면 학교생활이 재미있겠어? 인간이 살아가면서 받는 스트레스의 90퍼센트는 인간관계 때문에 발생한다는 연구 결과도 있어. 이게 무슨 의미일지 잘 곱씹어 봐. 불쾌한 감정, 짜증 나는 상황이 대부분 사람과의 관계에서 발생한다는 거야.

평화로운 지금도 인간관계가 쉽지 않잖아? 공자가 살던 시절은 어땠을 것 같아? 자고 일어나면 전쟁이고, 전염병이 돌면 마을 하나가 사라지고, 악덕 관리의 수탈에 내일 먹을 밥을 걱정해야 했던 시절이야. 사람들의 마음은 각박해지고, 약육강식(弱肉强食)이 세상의 논리가 됐어. 이런 세상에서 강자의 논리를 받아들이고, 스스로 강해지기 위해 노

인간은 관계적 존재다

《논어》의 가르침

력할 수도 있겠지. 하지만 모든 사람이 다 강해질 수는 없잖아? 설사 그렇다고 하더라도 그 안에서 결국 강자와 약자로 다시 서열이 나뉘겠지. 이런 삶이 좋은 삶일까? 이런 관계가 건강한 관계일까?

공자가 말한 인(仁)은 이런 각박하고, 절박한 세상을 바꾸기 위한 방법이었어. 옆에 있는 사람과 함께하는 것. 사람은 서로 경쟁해야 할 경쟁자도 아니고, 싸워야 할 적도 아냐. 이 지구에 태어나 같이 살아가야 할 똑같은 '사람'들인 거야. 어떻게 보면, 인류애(人類愛)의 다른 말일 수도 있어.

"공자가 말한 인은 시대의 아픔이 원인이지 않을까요? 그땐 세상이 각박했지만, 요즘 세상에는 전쟁도 없고, 사람들이 평화롭게 잘 지내잖아요?"

"맞아요. 한국의 치안 상태는 세계가 인정할 정도로 안전하잖아요. 그리고 요즘은 굶어 죽는 사람은 찾아보기 어렵잖아요. 정말 힘든 사람이 있다면, 생활보호대상자로 지원도 해 주고…."

"너희가 보기에는 공자의 인이 요즘 시대에는 잘 맞지 않는다는 거야?"

"그렇다기보다 사회가 많이 진보했다는 거죠."

"그래요. 공자 시대와는 달리 요즘은 민주주의를 바탕으로 사람들이 대표를 직접 뽑고, 노예제나 신분제가 없어져

 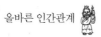

서 개인의 인권이나 권리에 대한 의식도 높죠. 그러니까 인을 굳이 언급하지 않아도 잘 살 수 있지 않나요?"

"요즘 같은 시절이기에 더욱 더 인이 필요해. 우리가 지금 '함께하는 삶'을 살고 있다고 생각해?"

인터넷을 열어 봐. 벌레 충(蟲) 자가 붙은 수많은 표현이 등장해. '맘충', '한남충' 같은 말부터 시작해 혐오와 비하 발언들이 넘쳐 나. 언제부터인가 돈이 우리 삶의 가치 기준이 됐고, 조금의 틈만 보이면, 서로 '갑질'을 하려고 나서지. 이건 많이 가지고 적게 가지고의 문제가 아니야. 사람들의 마음속에 증오가 가득한 것 같아.

"어디 한번 걸려 봐!"

"난민은 너희 나라로 가라!"

"급식충."

"김여사, 운전하지 마!"

"너, 결정장애 있구나?"

"쟤는 중2병 걸려서 저래."

"여자가 무슨….."

"초딩이냐?"

"어린이 출입을 금합니다!"

"고향이 전라도라고? 홍어였네."

"외국인은 범죄 위험이 높지."

"여자한테 지는 거 안 쪽팔려요?"

"집에서 밥이나 하라고."

"그냥 개저씨일 뿐이야."

언제 어느 때고, 분노를 폭발시킬 만반의 준비를 해 놓고, 불꽃이 튀기만을 기다리는 모습 같아. '억압의 이양'이 작동하는 모습도 보여. 누군가를 억압하는 건 가장 큰 힘을 가진 사람을 정점으로 해서 밑으로 차례차례 내려오거든.

"오늘 직장상사한테 깨졌는데, 기분 나빠 미치겠어! 누구한테든 빨리 분풀이를 해야지!"

이렇게 마음먹고 누군가에게 갑질을 하거나 화를 내는 사람은 별로 없겠지만, 자기보다 힘센 사람에게 받은 억압을 약한 사람들에게 전가하는 모습은 이제 일상이 됐어. 더 큰 문제는 한국을 포함해 세계적으로 파시즘에 물든 사람들이 계속해서 등장한다는 거야. 경제적 성장의 혜택을 기대할 수 없는 환경 속에서 느낀 절망과 분노를 엉뚱한 대상을 향해 분출하는 모습을 쉽게 확인할 수 있어.

우리 사회의 고질적인 문제가 된 '부의 양극화', '지역감정', 나이 든 사람과 젊은 사람 사이의 '세대 간 갈등', 그리고

무솔리니는 이탈리아의 정치가로 제1차 세계대전 이후
파시스트당을 조직했다. 1922년에 쿠데타로 정권을 획득한 뒤
수상이 되어 독재를 펼쳤다.

파시즘(Fascism)

개인을 포함한 그 무엇보다도 국가를 우선시하고, 공동체의 결속을 통한 힘을 강조하는 사상이라고 할 수 있어. 어원이 이탈리아어 '파쇼(fascio)'에서 나왔는데, 그 뜻은 '묶음'이야. 이것만 봐도 대충 알겠지만, 파시즘은 공동체의 결속을 우선시해. 국가나 공동체를 위해 개인이 희생해야 한다는 논리, 조직과 공동체의 유지와 발전을 위해 개인적 욕망을 억제해야 한다는 논리가 여기서 자연스럽게 나오게 돼. 파시즘을 주장하는 이들은 거대한 공동체나 조직을 유지하고 발전시키는 것에 어떤 신념이나 가치가 있다고 말하지. 하지만 이건 '헛소리'에 불과해. 인간은 자유롭게 태어났고, 인생의 주인은 자신이야. 공동체를 위해 무조건적인 희생을 강요한다면, 그건 악(惡)에 가까워.

《논어》의 가르침

'여성 혐오'에 이르기까지 풀어야 할 숙제가 산더미야. 우리 사회는 특정 세력이 다른 세력을, 혹은 누군가가 다른 누군가에게 위해를 가하는 상황이 빈번하게 발생해.

2016년 5월 17일 서울 지하철 강남역 화장실에서 한 여성이 살해됐는데, 다음 날인 18일 저녁부터 강남역 10번 출구 앞에는 살해된 피해 여성을 추모하는 포스트잇과 헌화 그리고 추모의 행렬이 줄을 이었어. 19일부터는 강남역뿐 아니라 고려대 등 대학가에도 '#살아남았다'는 해시태그가 붙은 대자보와 포스트잇이 들불처럼 번졌지.

강남역 살인 사건에 대한 추모는 이를 단순한 묻지마 범죄라기보다 여성을 혐오하는 사회 분위기가 자신들에게 실질적인 위협이 되고 있다고 인식한 여성들의 자발적인 연대 행위로 보여.

하지만 2018년 5월 19일부터 12월 22일까지 총 여섯 차례에 걸쳐 수많은 여성이 조직적으로 결집한 '혜화역 시위' 이후로도 우리 사회에는 여성 불법 촬영, N번방 사태, 딥페이크 성 착취물 사건에 이르기까지 숱한 여성 혐오 범죄가 일어났어.

'강남역 살인사건'이 일어난 지 9년이 지나도록 '페미사이드(femicide, 여성이라는 이유로 살해당하는 것)'와 같은 여성 혐오 범죄에 대해 국가 차원의 개념 정립이나 실태 파악이 부족하다는 지적도 나오고 있지.

자, 다시 물어볼게.

"우리는 지금 함께하는 삶을 살고 있을까?"

춘추전국시대만큼 지옥은 아니겠지만, 공자가 꿈꾼 동주
(東周, 가장 이상적인 세상)는 아니야. 그렇기에 우리에게는 여
전히 인(仁)이 필요해. 문제는 인을 어떻게 찾느냐는 거야.

공자는 인을 행하기로 마음먹으면 우리 안에 깃든다고 말했지만, 사람 일이라는 게 어디 마음먹은 대로 되는 거야? 공자도 인의 실천이 얼마나 어려운지를 설파했어.

❶ 안연이 인에 관하여 물었다. 선생이 말하기를,

"사심을 극복하고 예를 실천하는 것이다(克己復禮爲仁). 하루라도 그렇게 행한다면, 온 세상 사람들로부터 어질다는 말

을 들을 것이다(一日克己復禮 天下歸仁焉). 인의 실천은 자신에게서 비롯되지 남에게서 비롯되겠는가(爲仁由己 而由人乎哉)?"

안연이 다시 세부 항목을 묻자,

"예가 아닌 것은 보지 말고 예가 아닌 것은 듣지 말고 예가 아닌 것은 말하지 말고 예가 아니면 행동하지 말라(非禮勿視 非禮勿聽 非禮勿言 非禮勿動)."

—《논어》안연(顔淵)편 중에서

❷ 뜻있는 선비와 어진 사람은 살기 위해서 인을 해치지 않으며, 살신성인한다(志士仁人, 無求生以害仁, 有殺身以成仁).

—《논어》위령공(衛靈公)편 중에서

극기복례(克己復禮), 살신성인(殺身成仁), 이런 말 어디서 한 번쯤 들어보지 않았어? 기업체, 학교, 군대 등에서 '높은 분'들이 많이 쓰는 말이야. 훈화나 연설 등에 자주 언급되곤 하지. '극기복례'를 한자 뜻 그대로 풀어 보면, "자신의 욕망, 감정을 이겨내고 예(사회적 법칙)를 따른다"는 의미가 되고, '살신성인'은 "자신의 몸을 희생해 인(仁)을 이룬다"라고 해석할 수 있어.

둘 다 인을 어떻게 실천해야 하는지, 실천하는 게 얼마나 어려운지를 설명하고 있지. 좋은 말이고, 공자가 어떤 생각으로 이런 말을 했는지 충분히 이해할 수 있어. 그러나 다른

《논어》의 가르침

사람이 나에게 이 말을 한다면, 단호히 거절하겠어.

'극기복례'란 말은 내 욕망과 감정을 사회적 법칙에 맞춰 통제한다는 의미야. 사회 혹은 사회적 권위를 배경으로 우리를 억압하는데 많이 쓰이는 말이야. 한 사람의 사회인 혹은 사회의 구성원으로서 공동체가 정한 '규칙'을 지키는 건 중요해. 사람은 혼자 살 수 없어. 어떤 식으로든 사회를 구성할 수밖에 없어. 사람이 모이면, 자연스럽게 규칙이 생기고, 관습이 생기고, 문화가 생기지. 한 사회가 인정하는 상식과 이 상식을 배경으로 한 규칙이 생길 수밖에 없어.

그런데 문제는 이런 '규칙'이 누굴 위해 존재하느냐는 거야. '극기복례'란 말을 하는 어른들의 생각을 번역하면 "넌 왜 너 좋은 것만 하니?"라고 해석할 수 있어. 나의 자유를 '관습'이나 '규칙'이란 이유로 제한하는 거야. 이런 경우라면 단호하게 거절해야 해. 거절하기가 힘든 상황이라면 자기를 기준으로 상황을 해석하고, 결정해야 해. 사회를 움직이는 최소한의 규칙('법' 정도?)을 어기지 않았다면, 극기복례의 주체는 자기가 돼야 해. 그러니까 극기복례는 "내 신념이나 주관을 기준으로 내 욕망과 감정을 다스리겠어"라는 의미로 받아들였으면 해.

'살신성인'은 극기복례보다 더 무서운 말이야. 목숨까지 버리라는 말이잖아. 목숨보다 중요한 신념이 있다면, 그리고 그것을 관철하겠다는 의지가 있다면, 개인의 판단은 존중해야겠지. 그러나 다른 사람이 "대의를 위해 널 희생하길 바란다"라고 말한다면 따를 필요는 없어. 이런 게 파시즘이기 때문이야. 전체를 위해 개인이 희생하는 사회? 그런 사회가 과연 건전할까? 그렇게 말하는 사람 중에서 자신을 희생하겠다는 사람은 거의 없어.

다시 말하지만, 다른 사람이 '극기복례'나 '살신성인'을 말하며 '희생'을 강요한다면 그건 거절하는 편이 좋아. 극기복례와 살신성인이란 말은 자신에게만 할 수 있기 때문이야. 공자가 이런 말을 했던 건, 인(仁)이란 개념이 얼마나 실천하기 어려운가를 설명하기 위해서였어. 말하긴 쉽지만 실천하기 어려운 게 인이지.

이런 인을 힘 있는 사람들이 변질시킨 게 문제야. 동중서 이야기 기억나지? 유교는 오랜 시간 누군가의 목적에 의해 변질되고 왜곡됐어. 자신들의 힘과 권력을 유지하기 위해서 말이지. 오죽하면 안하무인으로 행패 부리는 어른들이 논리가 막히면 꺼내는 가장 흔한 말이 "너 몇 살 먹었어?"라는 말이겠어? 이렇기 때문에 젊은 사람들의 입장에서, 유교는 유통기한이 다 지난 철학이고, 공자를 우리 삶을 힘겹게 만든 철학자 취급하는 게 아닐까?

공자의 사상이 왜곡돼 있다 보니 우리가 인(仁)의 의미를 고민하고, 실천할 수 있는 영역이 점점 더 좁아지는 거야. 분명히 말하지만, 이 시대에는 아직 인이 필요해. 공자

《논어》의 가르침

가 설파한 인이 우리에게 유효한 철학이란 의미야. 그러면
이제부터 인을 실천하는 단순하면서도 확실한 방법을 배워
볼까?

7

충서(忠恕)의 도(道)

❶ 자공이 공자에게 물었다.

"백성들에게 널리 베풀어서 많은 사람들의 삶을 풍족하게 만드는 사람이 있다고 한다면 어떻습니까? 그 사람을 인(仁)하다고 말할 수 있겠습니까?"

공자께서 대답하셨는데,

"어찌 인한 정도이겠는가? 그 사람이야말로 반드시 성인이라 부를 만하다. 요순 임금도 다하지 못한 바가 아니더냐! 어진 사람은 자기가 서고 싶으면 남도 세워 주고 자기가 통하고 싶으면 남도 통해 주는 것이다. 자기 처지로부터 남의 처지를 유추해 내는 것(能近取譬)이 인을 실천하는 방법(爲仁之方)이라고 할 수 있다."

―《논어》 옹야(雍也)편 중에서

❷ 공자께서 말씀하시기를,

"삼(參)아! 나의 도(道)는 한 가지 이치로 만 가지 일을 꿰

뚫고 있다."

이에 증자는,

"예"라고 대답을 한다. 공자가 나가자, 제자들이 증자에게 묻는다.

"선생님께서 무슨 말씀을 하신 겁니까?"

증자가 대답하였다.

"선생님의 도(道)는 충(忠)과 서(恕)일 뿐이다."

—《논어》이인(里仁)편 중에서

옹야편에 나오는 '능근취비(能近取譬)'란 말은 학자마다 해석이 약간씩 다르긴 한데, '가까운 데서 자기 몸으로 깨달을 수 있는 것을 취할 줄 알면'이라고 해석하는 경우도 있어. 나는 위에 인용한 대로 **"자기 처지로부터 남의 처지를 유추해 내는 것"**이라는 해석을 따랐어.

자기 처지로부터 남의 처지를 유추한다는 게 무슨 의미일

증자(曾子)

공자의 제자로 이름은 증삼(曾參)이야. 공자 사상의 계승자라 할 수 있지만 공자가 살아 있을 때 증자에 대한 평은 좀 박한 편이었어. 공자와 마흔여섯 살이나 나이 차가 나니 증자 입장에서는 스승을 따르기가 좀 힘들지 않았을까 싶어. 증자에 대한 공자의 평은 '우직하다'였어.

까? 힘든 시절, 죽을 만큼 배가 고팠던 기억이 있는 사람이 있다고 해 봐. 그는 주린 배를 움켜잡고 이렇게 생각해.

"그래, 배고팠을 때 기억을 잊지 말자! 열심히 일해서 돈을 벌자! 다시는 돈이 없어 굶지 않을 거야!"

결심을 굳힌 사람은 악착같이 일을 해서 돈을 모았어. 구두쇠가 된 거야. 안 입고, 안 먹고, 안 쓰면서 돈을 모았지. 주변은 돌아보지도 않고, 오로지 자기만을 생각했어. 그런데 어느 날 TV에서 아프리카 난민의 모습을 보게 됐어. 뼈가 드러날 정도로 마른 아이들을 보면서 잊었던 옛 기억이 떠오른 거야.

'저 아이들, 얼마나 배고플까?'

돈이 없어 굶어야 했던 자신의 과거가 떠오른 거야. 그 생생한 고통을 통해 아프리카 난민 아이들의 현재 상황을 유추한 거지. 이게 자신의 처지로부터 남의 처지를 유추해 낸다는 의미야.

이때 필요한 게 바로 **'충서(忠恕)의 도(道)'**야. 증자가 말했듯이 공자의 핵심 사상이자, 공자가 말한 인(仁)을 실천하는 가장 확실한 방법이지. 충서의 도만 실천한다면, 공자의 사상을 모두 익혔다고 할 수 있어. 그럼 '충서'가 뭘까? 일단 글자를 하나씩 살펴봐야 해.

충서의 도란 무엇일까?

여기서 충(忠)은 우리가 알고 있는 '충성'의 개념과는 조금 달라. 이건 "자기에게 진실을 다하는 것"이라고 할 수 있어. 그렇다면 서(恕)는 무슨 의미일까? 한자 그대로 해석하면, '헤아려 동정하다'라고 할 수 있는데, 공자가 말한 서의 개념은 "자기가 원하지 않는 일을 남에게 하지 않는 것"이라고 할 수 있어.

서(恕)의 개념을 설명한 내용이 《맹자(孟子)》에 나와 있어.

군자에게는 세 가지 서(恕)의 규칙이 있다.

자신의 군주를 섬기지 못하면서 자신을 섬길 하급자를 고용하려 한다면 서(恕)가 아니다.

자신의 부모에게 보답하지 못하면서 자신의 아들에게 효성스럽기를 요구한다면 그것은 서(恕)가 아니다.

충서(忠恕)의 도(道)

자신의 형을 공경하지 못하면서 자신의 동생에게 자기 명령 듣기를 요구한다면, 그것은 서(恕)가 아니다.

　만일 학자들이 이 세 가지 종류의 '서'를 이해한다면 그들은 그들 자신을 곧게 할 수 있을 것이다.

　부모에게 효도하지 않은 주제에 자기 자식에게 효도를 바란다면, 이건 뭐라고 설명해야 할까? 욕심쟁이라고 해야 할까? 뻔뻔하다고 해야 할까? '충서의 도'라는 건 너무도 단순해.

"자기가 원하지 않는 일을 남에게 하지 말라."

　바로 이거야. 공자가 70여 년 넘게 살면서 깨달은 하나의 통찰이야. 간단하고 단순하지? 여기에 인(仁)의 개념도, 실천 방법도 모두 다 들어 있어. 앞에서 극기복례(克己復禮)를 설명했잖아? 그것도 이룰 수 있어.

"하기 싫은 걸 남에게 시키지만 않으면 된다는 거죠?"
"그럼, 그러면 공자의 사상을 숙달한 성인이 돼 있을 거야."
"진짜요?"
"속고만 살았어?" "아뇨, 그게… 너무 쉬운 게 아닌가 싶어서요."

《논어》의 가르침

말로만 들으면 쉽지. 그런데 이게 네 '이익'과 직결될 때 과연 어떨까?

"방 청소하기 싫은데, 이거 동생한테 시킬까?"

이런 상황이라면 어떻게 할래? 방 청소 같은 작은 일이 아니라 내 이익과 행복이 걸려 있는 중차대한 문제를 두고 남을 생각해서, 그걸 시키지 않는다는 게 과연 쉬운 일일까? 공자의 사상, 《논어》를 공부하는 것? 이 '충서의 도' 하나면 끝이야. 더 보태고 빼고 할 게 없어. 너무 간단하다고 생각할 수도 있겠지만, 이걸 실천하는 어려움은 살면서 경험하게 될 거야. 그렇지만 우리는 배우고 익히는 즐거움을 넘어 공자가 강조한 '충서의 도'를 실천하며 올바른 인간관계를 맺기 위해 끊임없이 노력해야 해.

올바른 인간관계란 무엇일까?

공자를 죽이면
어떻게 될까?

앞에서 여러 번 언급했듯이 《논어》는 읽는 책이 아니라 깨치는 책이다. 줄거리를 요약할 수 없고, 책을 축약하기에도 애매한 부분이 있다. 그렇다고 아예 재미없고 딱딱한 책이란 얘기는 아니다. 자로와 공자가 티격태격하는 장면은 사막에서 발견한 오아시스 같은 청량감을 안겨 주고, 공자의 언행을 보면서 혼자 피식거리며 웃은 적도 많다. 하지만 오래된 책답게 요즘 시대와는 동떨어진 것처럼 보이는 말들도 제법 있다.

"여자와 소인들은 함께 살아가기가 어렵다. 가까이하면 건방지게 되고, 멀리하면 원망을 한다."

요즘 이런 말 했다가는 '여성 혐오'라고 난리가 날지도 모르겠다. 그러나 이건 공자가 여성을 혐오해서 한 말이라기보다 시대의 한계라고 생각할 부분이기도 하다. 이런 자잘한 '삐걱거림'이 있을 수 있지만, 기본적으로 《논어》는 읽어

볼 가치가 충분한 책이다. 자신을 되돌아보고, 한 번 더 생각하게 하는 이야기가 넘쳐 나기 때문이다.

《논어》를 읽어 보겠다면 한 가지 염두에 둘 것이 있다. 유교의 변질된 부분을 버릴 각오로 자신의 삶을 뒤돌아보면 좋겠다는 것이다. 26년 전에 《공자가 죽어야 나라가 산다》라는, 굉장히 도발적인 제목의 책이 나왔다. 제목만 봐도 알겠지만, 유교에 대한 비판서다. 유교의 모순과 이 때문에 우리나라 사람들이 겪게 되는 고통을 구체적인 '예시'를 들어서 설명하고 있다. 개인적으로 책의 제목에는 열광했지만, 내용에는 동의할 수 없었다. 다만 공감하는 부분은 유교 문화가 변질됐고, 이 때문에 우리나라 사람들이 고통받고 있다는 것이었다.

많이 허물어지긴 했지만, 지금까지도 우리 사회의 '근간'을 이루고 있는 철학은 '유교'다. 안타까운 건 이 유교가 공자가 살아 있을 때 설파했던 철학과는 동떨어진… 아니, 완전히 다른 형태의 '괴물'이 돼 버렸다는 사실이다. 공자가 전하고자 한 사상은 이런 모습이 아니었다. 우리가 알고 있는 유교의 폐해는 후대 사람들이 변질시킨 것이 대부분이다.

왜 이런 일이 일어났는지는 책에서 설명했으니 다시 길게 이야기할 필요는 없으리라고 본다. 문제는 변질된 유교를 통해 이득을 보는 자들이다. 그러니까 그게 누구인지, 우리에게 무엇을 말하는지, 그렇게 말함으로써 어떤 이득을 보는지 우리는 끊임없이 되물어야 한다. 오랜만에 다시 얘기한다.

"왜?"

이 질문을 우리에게 뭔가를 강요하는 사람들에게 던져야 한다. 그렇지 않으면, 우리는 변질된 유교를 통해 이득을 보려는 사람들에게 고통을 당할 뿐이다.

공자는 암울한 시대를 살면서 그 시대를 변화시키기 위해 치열하게 고민하고, 행동한 철학자였다. 안타깝게도 그 뜻을 제대로 펼칠 순 없었지만, 적어도 시대의 아픔을 외면하지 않고, 그 안으로 뛰어 들어가 고민하고 아파하고, 방법을 찾으려 애쓴 면모는 인정해야 한다.

그가 설파한 인(仁)은 불교의 자비와 기독교의 사랑과 비슷하다 할 수 있다. 깊게 들어가면 다른 부분이 있겠지만, 근본적으로 타인에 대한 '사랑'을 강조했다는 점에서 궤를 같이한다고 볼 수 있다.

그러나 이 인(仁)이 과연 완전한 사랑인가에 대해서는 고민되는 지점이 있다. 앞에서 말한 '군군신신 부부자자(君君臣臣 父父子子)'란 말은 유교식 관계를 대변한다고 할 수 있는데, 이런 유교식 사랑에는 '왕은 백성을 자식처럼 사랑하고, 백성은 임금을 부모처럼 섬기는 것'처럼 질서와 관계가 이미 설정되어 있기 때문이다.

유교식으로 말하자면, '예'가 존재한다고 해야 할까? 이런 질서를 유지하는 최고의 덕목이 바로 충(忠)과 효(孝)이고, 세월이 지나며 점차 충과 효를 기반으로 하는 사회 '질서'가 정립되게 된다.

이렇게 어느 순간 완벽하게 '정치적인' 철학이 돼 버린 유교를 비판하며 등장한 철학이 있었으니, 바로 묵가(墨家)다. 공자가 인(仁)을 중심으로 질서를 회복하려고 했다면, 묵가는 전혀 새로운 형태의 사랑, 겸애(兼愛)를 강조한다.

"남을 위함이 곧 나를 위함이다!"

묵가의 겸애사상은 종종 '무조건적인 사랑'으로 해석되곤 하는데, 실상은 조금 다르다. 묵가는 서로를 위하는 것이 곧 서로의 이익을 위하는 길이라 생각했다. 뭔가 사랑인 듯 사랑 아닌 사랑이란 느낌이 들면서 흥미가 생기지 않는지? 그래서 다음 권에는 《묵자(墨子)》를 다루려 한다. 공자가 내세운 인(仁)과 다른 모습을 보인 겸애사상은 궁극적으로 무엇을 추구한 건지, 묵가가 왜 실용적인 군사 방어기술을 개발했는지 등등 놀랍고 재미난 이야기가 펼쳐지니 기대해 주시길 바란다.